案例式

民法物權

林洲富 | 著

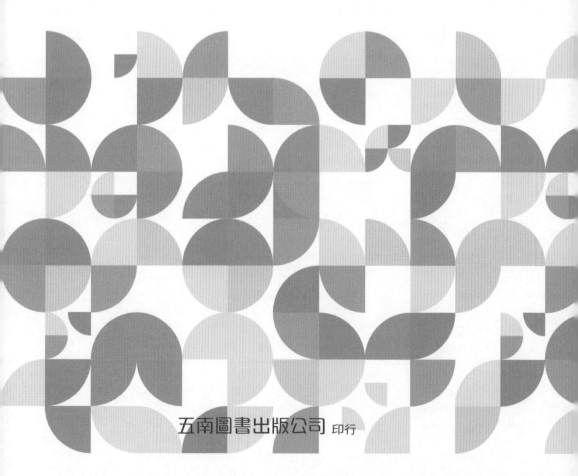

五南圖書出版公司 印行

五版序

　　本次再版距前次修正四版日已逾4年，期間發現有部分內容有增刪與調整之必要性，是作者利用五版校正與付梓同時，加以修正與勘誤，並增加最新實務見解，期盼本書益能增進學子之學習效率。因本人才識容有不足，不周處在所難免，期盼各界賢達先進，惠予指教，俾有所精進，實為萬幸。

林洲富 謹誌

2018年4月1日

於智慧財產法院

自　序

　　物權法乃規範財貨歸屬秩序之法律，具有定分止爭與提供生產誘因之功能。廣義物權法，係指以物權關係為其規範對象之法律，故凡屬規定物權之法律，均屬實質物權法之範圍。而狹義物權法，係專指民法物權編所規範之物權關係之法律而言，其為普通與形式意義之物權法，其他規範物權關係之法律則屬特別物權法。

　　作者於2005年5月間承蒙五南圖書之厚愛，出版《民法實例解析》一書，即思索以該書為藍本，就我國民法典所規範之體例，預計以案例式之文體，陸續撰寫總則、債法、物權法及身分法等論著，適逢2007年3月5日立法院三讀通過民法物權編之修正條文，物權法有大幅修正，受五南主編靜芬之邀，乃欣然同意撰寫本書，以完成平日之素願。

　　作者本諸民事審判與教學多年之經驗，依據國內外學說與實務見解，依序介紹物權總則、所有權、用益物權、擔保物權及占有，為總括及系統化之解說，並以例題之方式，說明及分析法律之原則，使實務與理論相互印證，將物權法理論轉化成實用之學，期能使有志研習者，除能全面瞭解物權法之原理原則外，亦可應用於實際之具體個案，期能增進學習效果及實務運作。因筆者學識不足，所論自有疏誤之處，敬祈賢達法碩，不吝賜教，至為感幸。

林洲富　謹識

2007年6月1日

於台灣台中地方法院民事庭

目　錄

第一章　物權通則

　　民法物權編為普通物權法，其內容有物權之原理原則、所有權、用益物權、擔保物權及占有。除其他特別法有特別規定，原則應適用民法物權編之規範。本章物權通則（general provisions）係說明物權之原理原則。職是，研讀本章目的，在於瞭解物權之定義、效力、種類、變動及消滅。

第一節　概　說

　　本節學習目標，在於使研讀者瞭解物權法之定義、物權之定義、物權之效力、物權行為無因性及物權與債權之區別。

例題1

　　甲將其所有A土地設定抵押權於乙，以擔保其對乙之借款債權，並經登記在案。嗣後甲將A土地所有權移轉登記與丙，甲不依約清償借款債務。試問乙是否得以抵押權人之地位，拍賣A土地取償？

例題2

　　丁將其所有B土地出售予戊，丁與戊為此簽訂買賣契約，約定丁移轉所有權予戊後，戊應於10日給付買賣價金，倘戊逾期未給付者，丁得解除該買賣契約。丁固依約先將B土地所有權移轉登記予戊名下完畢，然戊逾期未依約給付買賣價金予丁，丁依約解除該買賣契約，戊竟未經丁同意，將B土地出售予己，並辦理所有權移轉登記在案。試問丁是否得請求己返還B土地？理由為何？

壹、物權法之定義

一、廣義物權法

物權法之定義，可分廣義與狹義兩種。廣義物權法，係指以物權關係為其規範對象之法律，故凡屬規定物權之法律，不問是否為一般物權或特別物權，均屬實質物權法之範圍。例如，民法物權編、土地法、耕地三七五減租條例及動產擔保交易法等。

二、狹義物權法

狹義物權法，係專指民法物權編，就其他規範物權關係之法律而言，為普通與形式意義之物權法，其他規範物權關係之法律則屬特別物權法，依特別法優先普通法之原理，特別法設有規定時，依其規定，均屬特別物權法；特別物權法無規定時，應適用或準用民法物權編，其為普通物權法。舉例說明如後：(一)動產擔保交易法規定之動產抵押、附條件買賣及信託占有三種擔保制度。(二)土地法規定之耕作權（土地法第133條）與優先購買權（土地法第104條、第107條）。(三)公寓大廈管理條例規定之區分所有建築物。

貳、物權之定義

物權法規範財貨歸屬秩序之法律，具有定分止爭與提供生產誘因之功能，為經濟基本法。所謂財貨之歸屬秩序，係指各個財貨歸屬於特定之權利主體，權利主體對歸屬之財貨，得為直接支配，就由財貨所生之利益，在其支配之範圍，不僅有排除他人支配之作用，而他人對此歸屬負有絕對不作為義務[1]。準此，物權者（rights in rem），係指直接支配特定物而享有其利益之一種財產權。換言之，稱法律上之物，係指人體以外，人力所

---

[1] 謝在全，民法物權上冊，自版，修訂3版，2004年8月，頁2。

能支配，並能滿足人類生活需求之有體物與自然力[2]。

一、物權為支配權

物權係以直接支配標的物為內容之支配權，物權人無需借助他人之意思或行為，即得實現其權利之內容[3]。例如，土地所有權人，自得於土地上為耕作行為，不需他人之介入，始得為之。此直接支配標的物之特性與債權不同，因債權僅係請求權，債權人僅能請求債務人為一定行為，須待債務人之意思或行為之介入，始得實現其權利之內容，故就同一標的可成立二個以上之債權。例如，房屋租賃契約雖已成立，然出租人未將租賃物交付予承租人，承租人不得直接使用承租之房屋。因房屋所有權仍屬於出租人，出租人本於對房屋之支配權，可排除他人介入或使用。職是，房屋租賃契約成立，就同一房屋標的而有二個債權，承租人得請求出租人交付房屋，出租人得請求承租人交付租金。

二、物權以特定物或權利為標的

物權之標的物須為特定物與獨立物，此與債權係以「行為」為標的者不同。而物之構成部分，除法律有特別規定外，不得單獨為物權之標的物，非特定物僅能成立債權，如種類之債。是否為獨立物，應依社會上之經濟觀念認定。例如，有特定地號之土地，為特定物與獨立物。

三、物權係直接享受物之利益的權利

物權之權利人，得依據己意直接享受其物之利益。其利益包含用益與擔保。前者為物資之利用，可供自己享用，亦得供他人利用，以收取對價，如所有權、地上權。後者係就其價值而為債務之擔保，如抵押權、質權。因物權係直接支配特定物或權利，故具有獨占性，其具有排他性，同

---

[2] 林洲富，民法實例解析，五南圖書出版股份有限公司，2013年6月，7版，頁55。

[3] 最高法院98年度台上字第2483號民事判決。

一物不容許有性質不相容之兩個以上物權同時併存，係採一物一物權主義。例如，同一動產，無法併存一個以上之單獨所有權。此與同一標的物，得有多數相同內容債權存在，各債權間並無排他性或優先效力存在。

四、物權為絕對權

物權作為一種物之歸屬的權利，其具有絕對性，對任何人均有效力，亦稱對世權[4]。任何人非經物權人同意不得侵害，物權人於受他人侵害時，其得對侵害人主張物上請求權，排除他人之侵害，以回復物權應有之圓滿狀態[5]。而債權僅具相對性，對於債權之違反侵害，倘有妨害債權之實行者，僅得對債務人請求履行或請求不履行之損害賠償，原則上對債務人以外之第三人，不得直接請求排除妨害。

參、物權之效力

一、排他效力

所謂排他效力，物權有排他性，在同一標的物，不能同時成立或設定兩個以上互不相容之物權，其在先之成立或設定為有效。例如，甲對某特定房地有單獨之所有權，乙不能再擁有該房地之單獨所有權，除非甲、乙就該房地維持共有關係。在同一標的物有數個物權得併存之情形有三：(一)所有權與限定物權併存，如不動產所有權人得為他人設定地上權或抵押權。(二)擔保物權併存，如同一不動產得設定多數或次序不同之抵押權（民法第865條）。(三)用益物權與擔保物權併存，如同一不動產設定抵押權後，得再設定地上權或其他以使用收益為目的之物權（民法第866條第1項）。

---

[4] 最高法院101年度台上字第822號民事判決。
[5] 王澤鑑，民法物權第1冊，通則‧所有權，自版，1992年4月，頁32。

二、優先效力

（一）物權優先於債權

物權優先於債權之效力，係指同一標的物有債權與物權併存時，物權優先於債權，物權不論成立之先後，均有優先於債權之效力。例如，甲一屋二賣，先後出賣與乙、丙，丙先取得所有權登記，乙不得以其先與甲簽訂買賣契約之債之關係，對抗丙之所有權。物權優先於債權之效力亦有例外情形。例如，出租人於租賃物交付後，承租人占有中，縱將其所有權讓與第三人，其租賃契約，對於受讓人仍繼續存在，此為買賣不破租賃（民法第425條第1項）。

（二）物權間之優先效力

物權相互間之優先效力，係指內容相衝突之物權，其相互間之效力，依據成立之順序而定，先成立之物權優先於後成立之物權。例如，甲先後以其所有之土地為乙、丙設定第一順位及第二順位之抵押權，甲之所有土地，嗣後經法院拍賣，乙就賣得之價金有優先於丙之清償權利。亦有成立在後者，優先於成立在前者。例如，丁取得土地所有權後，以土地為戊設定地上權，此時地上權戊在土地之使用權，即優先於所有人丁，此為限定物權優先於所有權之事例。

三、追及效力

所謂追及效力，係指標的物不論輾轉入於何人之手，物權之權利人均得追及其所在而行使權利[6]。舉例說明如後：(一)甲之汽車遭丙竊取，丙將汽車交與乙使用，甲得依據民法第767條第1項之規定，行使物上請求權，請求間接占有人丙或直接占有人乙返還該物車。而為保護交易安全，對追及效力有所限制，如善意受讓之保護（民法第801條、第886條、第948條）。(二)丁向戊借款，並提供其所有A土地設定抵押權作為擔保，嗣後

---

[6] 最高法院100年度台上字第1466號民事判決。

丁將A土地所有權移轉予己，抵押權之效力會追及至己所有A土地之所有權（民法第867條）。

肆、物權行為之無因性

一、無因主義

　　法律行為分為債權行為與物權行為，物權行為之效力受債權行為所影響者，為有因主義。反之，物權行為之效力，不受債權行為之影響，謂之無因主義。債權行為係發生債的關係為目的之要因行為，其為負擔行為。而物權行為之目的，在使物權直接發生變動，其為處分行為。為避免法律關係趨於複雜，影響交易安全，我國採相對無因主義，原則上使物權行為獨立於原因行為以外而成為無因行為，此謂物權行為無因性原則[7]。例如，就買賣不動產標的物所有權而言，除登記外，尚須當事人就該標的物所有權移轉作成一個獨立於買賣契約（債權行為）之意思合致，該意思合致係以物權變動為內容，此物權行為與債權行為互相分離，買賣契約不成立、無效或被撤銷時，該物權行為之效力，不受其原因行為（買賣契約）影響[8]。例外情形，依據行為之形態及當事人之意思，得為有因行為。

二、無因性之緩和[9]

（一）共同瑕疵

　　共同瑕疵者，係指債權行為與物權行為具有共同之瑕疵，凡影響債權行為效力之瑕疵者，會導致物權行為與債權行為因同一瑕疵而不生效力。

---

[7] 最高法院89年度台上字第961號、101年度台上字第280號民事判決。

[8] 王澤鑑，民法概要，自版，2003年10月，5刷，頁494。最高法院89年度台上字第961號民事判決。

[9] 吳光明，民法70年之回顧與展望紀念論文集(3)，論基於法律行為之物權變動—德國與我國現行制度之檢討，元照出版公司，2000年9月，頁152-154。

例如，當事人為通謀虛偽之買賣不動產所有權意思表示，該買賣債權行為與所有權移轉物權行為，同歸無效。

（二）條件關聯

條件關聯者，係指依據當事人之意思，將物權行為效力之發生繫於有效之債權行為成立，即以有效之債權行為作為物權行為之停止條件（民法第99條第1項）。反之，原因行為無效，則物權行為亦因而無效。

（三）法律行為一體性

法律行為一體性，係指在私法自治之原則下，債權行為與物權行為依據當事人之意思使之互相結合者，而適用民法第111條規定，法律行為之一部分無效，全部均為無效。使債權行為與物權行為同一運命，此時之物權行為係有因行為。

伍、物權與債權之區別

	物權	債權
性質	支配權	請求權
	絕對權	相對權
效力	排他效力	得成立同一內容之數債權
	優先效力	債權平等主義
	追及效力	債權人僅得向債務人請求履行

陸、例題解析

一、物權之追及效力

不動產所有人設定抵押權後，得將不動產讓與他人。但其抵押權不因此而受影響，此為抵押權之追及效力（民法第867條）。故甲將其所有A土地設定抵押權於乙，以擔保其對乙之借款債權，嗣後甲雖將A土地所

有權移轉登記予丙，因抵押權有追及效力，甲不依約清償借款債務，乙得以抵押權人之地位，拍賣A土地，就其賣得價金而受清償（民法第873條）。

二、物權行為無因性

物權行為之效力，原則上不受債權行為之影響，此為物權行為無因性。丁將其所有B土地出售予戊，丁與戊為此簽訂買賣契約，約定丁移轉所有權予戊後，戊應於10日給付買賣價金，是丁、戊就B土地所有權移轉作成買賣契約（債權行為）之意思合致（民法第345條）。就買賣B土地所有權而言，該買賣契約係以物權變動為內容，戊欲取得B土地所有權，必須辦理登記（民法第758條第1項）。故物權行為與債權行為互相分離，買賣契約解除後，該物權行為之效力，不受其買賣契約影響。丁已依約先將B土地所有權移轉登記予戊名下完畢，戊取得B土地所有權。而戊未依約於10日給付買賣價金予丁，丁固得依約解除該買賣契約，然在未塗銷戊之B土地所有權登記前，戊仍為B土地所有權人，丁非所有權人。職是，戊將B土地出售予己，並辦理所有權移轉登記在案，己成為B土地所有權人，丁不得請求己返還B土地，其得依民法第259條第6款請求戊償還B土地之價額，倘有損害，亦得依民法第226條第1項向戊請求損害賠償。

【習題1】

甲以所有之A土地為乙設定抵押權，以擔保甲對乙之借款債權，嗣後甲再以A土地為丙設定地上權，因甲不依約履行債務，因有地上權之故，導致抵押權人實行抵押權受有影響，試問乙應如何救濟？

不動產所有人，設定抵押權後，其於同一不動產上，得設定地上權。但其抵押權不因此而受影響（民法第866條第1項）。倘地上權導致抵押權人實行抵押權受有影響，法院得除去地上權後拍賣之（第2項），此涉及物權間之優先效力。

【習題2】

丙至丁便利商店購買旅行用品一組，內有洗髮乳、洗面乳及沐浴乳各一瓶，試問丙擁有幾個所有權？

丙基於一個買賣契約購買旅行用品一組，其內有三件物品，依據一物一物權主義，丙共擁有三個所有權[10]。

【習題3】

物權有何效力？試說明之。

物權效力有三：(一)排他效力。(二)優先效力。(三)追及效力。

第二節　物權之種類

　　本節目標在使研讀者瞭解物權法定主義與物權之分類。而物權法定主義之概念及各物權種類之內容及其比較，為本節探討之重心所在。茲表列我國物權之種類如後：

種　　類	內　　容	法律規定
所有權	使用、收益及處分	民法第 765 條
用益物權	地上權	民法第 832 條、第 841 條之 1
	農育權	民法第 850 條之 1
	不動產役權	民法第 851 條
	典權	民法第 911 條
	耕作權	土地法第 133 條
擔保物權	普通抵押權	民法第 860 條
	最高限額抵押權	民法第 881 條之 1
	權利抵押權—地上權、農育權及典權	民法第 882 條、第 883 條

---

[10] 陳聰富，民法概要，元照出版有限公司，2005年10月，初版2刷，頁219。

種　類	內　容	法律規定
擔保物權	動產質權	民法第 884 條
	權利質權	民法第 900 條
	留置權	民法第 928 條
	動產抵押權	動產擔保交易法第 2 條
占有	對物事實上之管領力	民法第 940 條

例題3

　　甲將其所有A房屋，為乙設定無期限之典權。試問乙是否得永久占有A房屋，而為使用及收益？

例題4

　　丙所有B土地，為丁設定無期限之農育權。試問丁是否得永久在B土地上，為農作或畜牧？

壹、物權法定主義

　　所謂物權法定主義，係指物權之種類與其內容，應依據法律規定，當事人不得自由創設而言[11]。物權除依法律或習慣外，不得創設（民法第757條）。本條之法律，依據物權限定主義之本旨，係指成文法而言，不包含習慣。所稱習慣，係指具備慣行之事實及法之確信，即具有法律效力之習慣法。物權法定主義之目的，在於貫徹公示原則，確保物權之內容明確，以維護交易安全，此為強行規定，當事人不得任意創設與法定物權種類或

---

[11] 最高法院98年度台上字第478號民事判決。

內容相異之物權[12]。例如，創設不移轉占有之質權，縱使名之為質權，然其與質權之法定內容有異，應屬無效。故違反物權法定主義而創設物權，除非法律有特別規定者，從其規定，原則上應為無效（民法第71條）。至於私有土地實際上供公眾通行而成為既成巷道，雖認已有公用地役關係之公法關係存在，惟其非民法上之物權，其與私法之不動產役權不同，自不得依民事訴訟程序訴求保護[13]。

貳、物權之分類

一、完全物權與限定物權[14]

　　以對於標的物之支配範圍為區分標準，所有權係對其標的物為全面性之物權，亦稱為完全物權。限定物權係指僅能於特定限度內，對於標的物為支配之物權。僅有所有權為完全物權，所有權以外之物權，均屬限定物權或稱他項權利（土地法第11條）[15]。限定物權有限制所有權之作用，亦稱限制物權，其效力得對抗所有權。例如，地上權人對於土地之用益權限，優先於所有人。

二、動產物權、不動產物權及權利物權

　　以標的物之種類為區分標準，物權存在於動產之上者，為動產物權，如留置權。存在於不動產者，為不動產物權，如地上權。存於權利者，為權利物權，如權利質權。

---

[12] 蔡明誠，物權法研究，學林文化事業有限公司，2003年6月，頁157-159。採取物權法定主義之理由有三：1.物權之絕對性；2.因應社會之變遷而重整舊物權；3.交易安全之保護。

[13] 最高法院89年度台上字第1020號、97年度台上字第1255號民事判決。

[14] 限定物權亦可稱定限物權。

[15] 土地法第11條規定：土地所有權以外設定他項權利之種類，依民法之規定。

三、用益物權與擔保物權

以對物權之目的為區分標準，用益物權係以標的物之使用、收益為目的之物權，著重於支配物之使用價值。例如，地上權、農育權、不動產役權及典權。擔保物權係以擔保債務履行為目的之物權，著重於支配物之交換價值。例如，抵押權、質權及留置權。

四、主物權與從物權

此以能否獨立存在為區分標準。主物權不以他種權利之存在為前提，其為獨立存在之權利。例如，所有權、地上權、典權、農育權。從物權，係必須依附他權利始能存在之權利，從物權隨主權利之命運。例如，不動產役權、抵押權。

五、有期限物權與無期限物權

此以物權之存續有無期間限制為標準而區分，有存續期間限制之物權，謂之有期限物權，如典權、抵押權、質權或留置權。倘存續期限無限制，而得永久存續之物權，謂之無期限物權，如所有權。

參、例題解析

一、典權為有期限之物權

依據物權法定主義之定義，物權之種類與其種類，應依據法律規定，當事人不得自由創設。典權約定期限不得逾30年，逾30年者縮短為30年（民法第912條）。故典權係有一定存續期限之有期限物權，其有別於無期限物權。違反物權法定主義而創設無期限之典權，其逾法定30年之期限時，典權並非無效，僅期限須縮短至法定期限。準此，甲將其所有A房屋為乙設定無期限之典權，乙僅得於30年之期限內占有A房屋，為使用及收益之權利。

二、農育權之期限

　　稱農育權者，係指在他人土地為農作、森林、養殖、畜牧、種植竹木或保育之權（民法第850條之1第1項）。農育權之期限，原則不得逾20年；逾20年者，縮短為20年。例外情形，係以造林、保育為目的或法令另有規定者，不受20年之限制（第2項）。準此，丙所有B土地為丁設定無期限之農育權，丁無法永久在土地上為農作或畜牧。

【習題4】

甲為擔保其對乙之借款債權，而提供其所有之A土地為乙設定地上權，試問乙是否取得地上權？

地上權為用益物權，係以標的物之使用、收益為目的之物權，著重於支配物之使用價值。故當事人係以擔保債務之履行為目的設定地上權，顯然違反物權法定主義，應為無效（民法第71條）。

【習題5】

何謂物權法定主義？試申其義。

物權法定主義之涵義如後：(一)物權以民法或其他法律所規定者為限。(二)物權非依法律規定不得創設新種類物權或創設與物權法定內容相異之物權。

第三節　物權之變動

　　本節目標在使研讀者瞭解物權變動之概念、不動產物權變動、動產物權變動及物權之消滅。其中不動產物權與動產之變動要件，為探討之重點。

例題5

甲將所有其汽車出賣予乙，雖交付乙占有完畢，惟未至監理機關辦理過戶手續，嗣後甲之債權人聲請法院查封該汽車。試問乙得否主張其為汽車所有人排除法院之查封？理由為何？

例題6

丙將其所有房屋與其基地出賣予丁，並交付丁占有使用，丁亦付清價金。詎丙竟再將上開房地出賣與戊，並辦理所有權移轉登記完畢。試問戊得否以丁無權占有，請求丁交還房地[16]？

例題7

己繼承C土地，尚未登記，政府因興辦學校而徵收C土地，己則主張政府不得徵收未登記之土地，而拒絕領取徵收補償金。試問政府是否取得C土地之所有權？理由為何？

例題8

庚竊取辛所有身分證、印鑑章及D土地所有權狀，並將D土地所有權移轉於自己名下，嗣後庚向癸借款新臺幣100萬元，而以D土地為善意之癸設定抵押權。試問辛得否請求塗銷所有權或抵押權登記？依據為何？

---

[16] 楊與齡，民法物權，五南圖書出版有限公司，1987年11月，5版，頁1-17。

例題9

　　卯未取得建築執照，即出資興建地上物，建築完畢後，無法取得使用執照而辦理建物第一次保存登記。試問卯有無取得該違章建築之所有權？理由為何？

壹、物權變動之概念

一、物權變動之定義

（一）物權之發生

　　物權之發生（create）或物權之取得，係指物權與特定之權利主體間之結合，可分原始取得及繼受取得：1.原始取得者，係非基於他人之權利而原始取得物權，此為權利之絕對發生。例如，時效取得動產或不動產所有權、無主物先占。2.繼受取得者，係基於他人之權利而取得物權，乃權利之相對發生。例如，因繼承關係而取得所有權。

（二）物權之消滅

　　物權之消滅（lose）或物權之喪失，係指物權與特定主體分離而言，可分絕對消滅及相對喪失：1.物權之絕對喪失者，係指物權與主體分離後，並未歸屬另一主體，如物之拋棄或物之滅失。2.物權之相對喪失者，係指物權與主體分離，而立即歸屬另一主體，如遺產之繼承或移轉物之所有權。嚴格言之，相對喪失係物權之取得或變更之問題，並非物權之消滅。

（三）物權之變更

　　物權之變更（alter），係物權仍存在，僅其原來之態樣發生變更。換言之，物權不失其同一性，僅其內容有所變異。自廣義而言，包括主體變更、客體變更及內容變更。狹義之變更，專指內容之變更。例如，地上權

期間之延長或縮短。

二、物權變動之原因

（一）法律行為

　　法律行為可分為單獨行為及物權契約，係當事人以意思表示為要素，而以物權發生、變更或消滅為目的之物權行為（民法第758條第1項）。前者如拋棄、捐助行為；後者如設定抵押權或典權。

（二）法律行為以外之事實

　　法律行為以外之事實，係指依法律規定而發生之物權變動，行為人無須表現其一定之心理狀態，僅要有此行為，即發生一定法律效果之行為。例如，徵收、繼承、強制執行、法院判決（民法第759條）、混同、取得時效、先占、標的物滅失、沒收、存續期限屆滿[17]、清償債務[18]及沒收等。

三、物權變動之原則

（一）公示原則

　　為保護交易安全，物權之變動有公示原則與公信原則兩大原則[19]。所謂公示原則者，係指物權變動之際，須有足以使社會大眾辨識之客觀外在表徵，始能發生一定之法律效果[20]。物權變動之徵象，不動產與動產不同，即不動產以「登記」為公示方法（民法第758條第1項）；而動產以

---

[17] 存續期間屆滿，構成物權變動原因者，僅限於有期限物權。

[18] 清償債務，構成物權變動原因者，僅限於擔保物權。

[19] 朱鈺洋，民法概要，三民書局股份有限公司，修訂4版1刷，頁409-410。

[20] 最高法院99年度台上字第1470號民事判決：抵押權乃為擔保特定債權而存在，且係就特定物設定之，抵押物與擔保債權應均屬構成抵押權內容之重要部分，是抵押權應以登記方法加以公示者，不僅著重於標的物之特定，亦包括所擔保債權之特定，必債權種類及金額均特定，經確定抵押權人對抵押物所得支配交換價值之限度後，後次序抵押權之設定始不致陷於不安狀態，或阻礙抵押物交換價值之有效利用。準此，此為抵押權之公示原則與特定原則

「交付」為公示方法（民法第761條）。例如，不動產之買受人雖已給付全部價金完畢，惟未辦理所有權移轉登記完成前，並非不動產之所有人。同理，動產之買受人固依約給付全部價金，然出買人未移轉動產之占有與買受人前，買受人尚未取得動產之所有權。

（二）公信原則

公信原則係指信賴該外在表徵而有所作為之善意第三人，縱使其主觀所信賴者與客觀存在之權利歸屬，並不一致，法律亦保護其主觀之信賴。不動產與動產不同，動產以占有外觀為公信方法，故有善意受讓之規定（民法第801條）；而不動產則賦予登記有絕對效力，以保護善意第三人（土地法第43條）。例如，A土地登記於甲之名下，乙信賴此項登記物權而向甲買受，並為所有權移轉合意與登記，甲雖非實際之所有人，然乙可取得所有權。準此，公信原則係保護交易安全（動的安全）而犧牲真實權利者之利益（靜的安全），此為利益衡量之結果。

貳、不動產物權變動

一、須為處分權人所為

債權行為之有效存在，不以當事人須具有處分權為必要，然物權行為必須行為人具有處分權，其始生效力（民法第118條第1項）。舉例說明之：(一)債務人之物經查封後，債務人所為處分行為對於債權人不生效力（強制執行法第51條）。(二)物之拆除，為事實上之處分行為，僅所有人或有事實上處分權之人，始有拆除之權限[21]。

二、須有物權變動之意思表示

物權行為係使物權發生取得、喪失、變更之意思表示的法律行為，自應具備一般法律行為之成立與生效要件。例如，甲出售A土地予乙，當事

---

[21] 最高法院102年度台上字第2053號民事判決。

人除應為債權行為之意思表示（買賣契約）外，另須有物權行為之意思表示（所有權讓與合意）存在。

三、須訂立書面

　　不動產物權之移轉或設定，應以書面（writing）為之（民法第758條第2項）。不動產物權之移轉或設定，為要式行為，是當事人間約定一方以其不動產之物權移轉或設定於他方，債務人為履行其債務，負有訂立移轉或設定物權之書面，使債權人取得該不動產物權之義務。例如，買賣不動產之債權契約係非要式行為，當事人就其移轉之不動產及價金業已互相同意，其買賣契約即為成立。出賣不動產之一方，自應負交付該不動產，並使他方取得該不動產所有權之義務，倘出買人拒絕訂定書面移轉所有權之物權契約，買受人於取得出賣人協同辦理所有權移轉登記之確定判決，則得單獨聲請登記取得所有權，移轉不動產物權書面之欠缺，即可補正（強制執行法第130條）[22]。

四、須經登記

　　為保護交易安全，避免第三人受不測之損害，不動產物權之變動，須經登記。是不動物產之變動，以登記為公示方法，藉登記將不動產物權變動之情形，公示於眾，俾於任何人得知悉物權之歸屬。準此，不動產物權經登記者，推定登記權利人適法有此權利。因信賴不動產登記之善意第三人，已依法律行為為物權變動之登記者，其變動之效力，不因原登記物權之不實而受影響（民法第759條之1）。

（一）設權登記

　　不動產物權，依法律行為而取得設定、喪失及變更者，非經登記（recordation），不生效力（民法第758條第1項）。所謂不動產登記，係指登記機關依據土地登記規則，將應行登記之事項於登記於登記簿，並校對完

---

[22] 最高法院57年台上字第1436號民事判例。

竣，加蓋登記簿及校對人員名章後，為登記完畢後，始生登記效力（土地登記規則第7條）。倘僅申請登記，而未經登入登記簿者，尚不發生登記之效力。物權之法律行為，應以書面為之（民法第758條第2項）。所謂書面，係指具備足以表示有取得、設定、喪失或變更某特定不動產物權之物權行為之書面[23]。

（二）宣示登記

因繼承、強制執行、徵收、法院之判決或其他非因法律行為，於登記前已取得不動產物權者，應經登記，始得處分其物權（民法第759條）。此為法律行為以外之原因取得不動產物權，雖不登記亦發生取得之效力，惟欲加以處分時，應先行登記始可處分。

1. 繼　承

繼承開始時，除法律另有規定外，繼承人當然承受被繼承人財產上之一切權利義務（民法第1148條第1項本文）。無待繼承人有所主張，依據繼承關係，其於繼承開始時取得之不動產所有權，雖無須登記之，亦無待於繼承人之主張。然繼承人繼承不動產後，欲處分該不動產，應先完成繼承登記，始得處分之。

2. 徵　收

所謂徵收者，係指國家為特定之公共事業或公共事業而強制取得他人之財產的行政處分，不問原權利人之意思如何（土地法第208條、第209條）。被徵收土地之所有權人，對於其土地之權利義務，於應受補償發給完竣時終止，在補償費未發給完竣以前，有繼續使用該土地之權（土地法第235條本文）。

3. 強制執行

債務人之不動產，經法院強制執行時，無論該不動產係第三人拍定或債權人承受，均於執行法院核發權利移轉證書予買受人後，取得不動產所

---

[23] 最高法院33年上字第5374號民事判例。

有權（強制執行法第98條第1項）。

4. 法院判決

所謂法院判決，係指依其宣告足生物權法上取得某不動產物權效果之力，具有拘束第三人之必要，而對於當事人以外之第三人亦有效力之形成判決。例如，分割共有物之判決，始足當之。民法第759條之法院判決，不包含其他之給付判決或確認判決[24]。例如，命被告履行不動產物權登記之判決，性質屬給付判決，原告於取得確定民事判決後，尚須持判決向地政機關辦理登記，登記完畢後，始得取得不動產物權[25]。

參、動產物權變動

動產物權之變動要件，除有當事人間物權變動之合意外，尚應以交付為動產物權變動之公示方法。其交付有二：現實交付及觀念交付。觀念交付者，不必有現實交付之行為，而與現實交付有同等效力之謂，其可分簡易交付、占有改定及指示交付三種類型。

一、現實交付

所謂現實交付，係指動產物權之讓與，將其對於動產之直接管領力，現實移轉於受讓人。因動產物權之讓與，非將動產交付（deliver），不生效力（民法第761條第1項）。故動產物權之變動以交付為生效要件。例如，汽車為動產，其物權之讓與以交付為生效要件，出買人已將汽車交付與買受人，縱使未在監理機關所辦理過戶，亦生物權移轉之效力。

二、簡易交付

受讓人已占有動產者，於讓與合意時（agree to transfer），即生效

---

[24] 最高法院43年台上字第1016號民事判例。

[25] 最高法院49年台上字第1225號、65年台上字第1797號民事判例。

力，得免無謂之周折（民法第761條第1項但書）[26]。例如，甲將其所有之汽車借與占有使用，嗣後甲將該汽車出賣與乙，於買賣成立生效時，該汽車所有權歸於借用人乙所有，毋庸現實交付[27]。所謂讓與合意，係指以動產物權之讓與為內容之物權合意，其為物權契約，不以訂立書面為必要。

三、占有改定

讓與動產物權，而讓與人仍繼續占有動產者，讓與人與受讓人間，得訂立契約，使受讓人因此取得間接占有（indirect possession），以代交付（民法第761條第2項）[28]。例如，甲將其機器出買與乙，再向乙承租該機器，繼續占有該機器，即已生交付於買受人乙之效力，而乙取得機器之所有權[29]。

四、指示交付

讓與動產物權，如其動產由第三人占有時，讓與人（transferor）得以對於第三人之返還請求權（claim），讓與於受讓人，以代交付，此為返還請求權之讓與（民法第761條第3項）。其應對第三人為通知，對之始生效力。例如，甲將其機車借與乙使用占有，嗣後甲將機車出賣與丙，甲將借用物之返還請求權，讓與買受人丙，以代交付。

肆、物權之消滅

一、混　同

所謂物權混同者，係指兩個無併存必要之物權，同歸一人之事實。物

---

[26] 最高法院46年台上字第64號、69年台上字第1665號民事判例。

[27] 最高法院99年度台上字第626號民事判決。

[28] 最高法院95年度台上字第764號民事判決。

[29] 最高法院48年台上字第611號民事判例。

權之混同有二種情形：

（一）所有權與限定物權混同

　　同一物之所有權（ownership）及其他物權，歸屬於一人者，其他物權因混同（merge）而消滅（民法第762條本文）。例如，甲以其所有土地為乙設定抵押權，乙取得土地之所有權後，則抵押權消滅，較強之權利吸收較弱之權利。但其他物權之存續，於所有人或第三人有法律上之利益者，不在此限（但書）。例如，丙以其土地為丁設定典權後，丁以典權為戊設定抵押權，而丁取得土地所有權，典權並未消滅，否則會導致戊之抵押權無法存在，為戊之利益，典權依然有效存在。

（二）限定物權與以其為標的物之權利混同

　　所有權以外之物權，而及以該物權為標的物之權利，歸屬於一人者，其權利因混同而消滅（民法第763條第1項）。例如，甲以其在乙土地之地上權，為丙設定抵押權，嗣後丙取得甲之地上權，則抵押權消滅，較強之權利吸收較弱之權利。但其他物權之存續，於所有人或第三人有法律上之利益者，不在此限（第2項）。例如，丁將其所有之土地為戊設定地上權，戊分別以地上權為己、庚設定第一順位及第二順位抵押權，己嗣後取得地上權，為己之利益，己之抵押權不因其取得地上權而混同消滅，否則庚之抵押權即升為第一順位抵押權，其有害己於法律之利益。

二、拋　棄

　　所謂拋棄者，係指權利人表示放棄其權利之單獨行為。原則上物權為財產權，物權人自得拋棄之物權。例外情形，物權拋棄之行為，第三人有以該物權為標的物之其他物權或於該物權有其他法律上之利益者，非經該第三人同意，不得為之（民法第764條第2項）。準此，物權，除法律另有規定外，因拋棄（waive）而消滅（民法第764條第1項）。例如，地上權有支付地租者，拋棄時應受限制，係法律另有規定之情形（民法第835條

第1項）。拋棄之方法，在不動產應塗銷其登記（民法第758條第1項）[30]，在動產應拋棄其占有（民法第764條第3項）。

伍、例題解析

一、動產物權之變動要件

動產物權之讓與，將動產交付，而發生讓與之效力（民法第761條第1項）。有關車輛之管制檢驗及變更登記等，固須經公路監理機關之登記，並以發給行車執照記載之車主為準。然車輛為動產，其所有權之讓與，因交付而生效，不因有無辦理過戶而有所不同[31]。出買人甲依據買賣關係將其所有其汽車交付買受人乙占有，乙已取得所有權，縱使未至監理機關辦理過戶手續，亦不影響物權變動之效力，因甲已非所有人，是甲之債權人聲請法院查封該汽車，乙得以所有權人之身分，依據強制執行法第15條規定，提起第三人異議之訴，排除對該汽車之強制執行[32]。

二、不動產物權之變動要件

丙將其所有之A房屋與其基地B出賣與丁，依據買賣契約，已將房地並交付丁占有使用，丁亦付清價金（民法第348條第1項、第367條）。因不動產所有權之移轉，不以交付不動產為其效力發生要件，不動產之買受人雖未受交付，惟出賣人移轉所有權於買受人之法律行為已生效力者，自不能因買受人尚占有，而稱其未取得所有權。故不動產之重複買賣，以先辦妥所有權移轉登記者，取得所有權[33]。準此，丙再將上開房地出賣與

---

[30] 最高法院74年台上字第2322號民事判例。

[31] 最高法院72年度台上字第1933號民事判決。

[32] 林洲富，實用強制執行法精義，五南圖書出版股份有限公司，2017年9月，12版，頁123-124。

[33] 最高法院59年台上字第1534號民事判例。

戊，並辦理所有權移轉登記完畢，戊為不動產之所有權人，丙丁間之買賣契約，為債權關係，不得據此對抗所有權人，故戊得以所有權人之地位，主張丁無權占有，請求丁交還房地（民法第767條第1項）。

三、非法律行為之不動產物權變動

（一）繼　承

繼承開始時，除法律另有規定外，繼承人當然承受被繼承人財產上之一切權利義務（民法第1148條）。無待繼承人有所主張。故己繼承C土地，雖尚未登記，惟依據繼承關係，其於繼承開始時取得C土地之所有權，無須登記之。

（二）徵　收

所謂徵收者，係國家為特定之公共事業或公共事業而強制取得他人之財產的行政處分，不問原權利人之意思如何（土地法第208條、第209條）。被徵收土地之所有權人，對於其土地之權利義務，於應受補償發給完竣時終止，在補償費未發給完竣以前，有繼續使用該土地之權（土地法第235條本文）。故公用徵收而取得被徵收之不動產所有權時期，係補償費發給完竣之日，其屬原始取得，不動產之原有權利歸於消滅。政府因興辦學校而徵收C土地，C土地雖未登記，政府亦得依法徵收，不以被徵收之不動產所有權已登記為要件（土地法第228條、第229條）。準此，己不得以未登記之土地為由，主張政府不得徵收。倘己拒絕領取徵收補償金，政府得依法提存（民法第326條）。並將提存日視為補償發給完竣日，而於該日取得C土地之所有權。

四、公信原則

（一）惡意第三人

不動產賦予登記有絕對效力（土地法第43條；民法第759條之1），以保護善意第三人，縱使其登記原因無效或撤銷，真正權利人不得以之對抗

第三人。庚竊取辛所有身分證、印鑑章及D土地所有權狀，並將D土地所有權移轉於自己名下。準此，D土地之所有權移轉登記有無效原因，而庚並非信賴登記而取得所有權之善意第三人，不受土地法第43條、民法第759條之1規定之保護，辛得訴請塗銷庚之所有權移轉登記。

（二）善意第三人

庚向癸借款新臺幣100萬元，並持D土地為善意之癸設定抵押權，因癸信賴登記而取得抵押權登記，自應受土地法第43條、民法第759條之1規定之保護，縱使庚之所有權移轉登記得塗銷，惟癸之抵押權仍存在於辛所有之D土地，辛不得訴請塗銷之。

五、出資建築建物之所有權取得

自己出資興建建物，其屬非依法律行為而原始取得建物之所有權，其與依法律行為而取得者有別，縱使未經登記，亦取得所有權。卯出資興建之建物，因未取得建築執照與使用執照，雖無法辦理建物第一次登記，然得取得違章建築之所有權。

【習題6】

甲以附條件買賣之方式，向機車經銷商乙購買A重型機車一輛，當事人約定先交付機車予甲占有使用，嗣乙給付全部價金完畢後，乙始取得A重型機車之所有權，因甲之債權人丙持執行名義執行A重型機車，試問乙應如何救濟？

附條件買賣者，謂買受人先占有動產之標的物，約定至支付一部或全部價金，或完成特定條件時，始取得標的物所有權之交易（動產擔保交易法第26條）。倘甲尚未給付全部價金，乙仍為A重型機車之所有權人，自得提起第三人異議之訴，排除法院就該機車之強制執行（強制執行法第15條）。

【習題7】

說明不動產物權因法律行為變動者,應具備何種要件?

不動產物權因法律行為變動之要件如後:(一)須為處分權人所為。(二)須有物權變動之意思表示。(三)須訂立書面。(四)須經登記。

【習題8】

動產物權之移轉須以交付為之,交付方式依據民法規定有幾種?試說明之。

動產交付之方式有:(一)現實交付。(二)簡易交付。(三)占有改定。(四)指示交付。

第二章　所有權

　　所有權者，係指所有權人於法令限制之範圍內，全面性支配標的物而具有永久性之物權。本章所有權之內容，係說明所有權之原理原則、不動產所有權與動產之所有權及共有關係。

第一節　概　說

　　本節目標在使研讀者瞭解所有權之定義、權能及取得時效，亦為本節探討之重心。茲表列動產與不動產所有權之取得時效要件如後：

標的物	事實狀態	期間	客體	法條依據
動產之一般取得時效	自主、和平、公然及繼續占有	10 年	他人之動產	民法第 768 條
動產之特別取得時效	1.自主、和平、公然及繼續占有 2.占有之始為善意並無過失	5 年	他人之動產	民法第 768 條之 1
不動產之一般取得時效	自主、和平、公然及繼續占有	20 年	他人未登記之不動產	民法第 769 條
不動產之特別取得時效	1.自主、和平、公然及繼續占有 2.占有之始為善意並無過失	10 年	他人未登記之不動產	民法第 770 條

例題10

　　甲之四周鄰居於乙所有A土地上通行，雖已歷數十年，惟未為不動產役權之登記，A土地經政府機關編為巷道，並鋪設柏油路面。試問乙以A土地為其所有，依無權占有之法律關係，請求政府機關除去柏油交還A土地，其是否正當？

例題11

　　丙將其所有B車一輛借與丁使用，滿10年後，丁主張其以所有之意思，10年間和平、公然占有丙之B車，取得其所有權。試問丙是否喪失該輛汽車之所有權？理由為何？

例題12

　　戊趁己出國經商之際，以所有之意思占有己未登記之C房屋，期間已逾20年，戊年老欲落葉歸根返還家鄉定居，知悉C房屋遭戊占用中，乃向戊請求返還，戊以其已時效取得房屋所有權而拒絕歸還。試問己之請求是否有理？依據為何？

壹、所有權之定義

一、全面性之物權

　　所有人對於標的物之占有、管理、使用、收益及處分，不侷限於一定內容，故所有權（ownership）為完全物權，對標的物為全面支配。其與限定物權不同，蓋限定物權僅能於一定範圍內，支配其客體。例如，地上權或農育權為限定物權。

二、具有彈性之物權

　　所有權係於法令限制範圍內，得彈性地利用權利內容之物權，故其內容具有彈性，得自由伸縮。例如，所有權人於其土地上設定地上權，所有權之內容應受其所設定之物權所拘束。嗣後地上權消滅後，所有權仍回復其圓滿之狀態，此為所有權具有彈性所致。

三、永久性之物權

所謂永久性，並非永不消滅，係指所有權不預定之存續期間，亦無罹於時效之適用，其與有期限之物權不同。例如，地上權或不動產役權，有預定存續期間，期限屆滿後，該等物權當然歸於消滅。

四、社會性之物權

權利之行使應符合社會生活之目的，故所有權亦受法令之限制，其負有一定之義務，以維護社會公益，此為權利社會化之表徵。此對所有權所為之拘束，即形成所有權自由行使與其限制之內容。例如，因飛機起降之安全，而限制機場附近土地興建大樓之高度（民法第773條）。

貳、所有權之權能

一、積極權能

（一）使　用

所有人（owner），於法令限制之範圍內，得自由使用、收益、處分其所有物（民法第765條前段）。所謂使用者（use），係指不毀損物體或變更其性質，依據其用法，以供生活之需求。例如，駕駛車輛、閱讀書籍、房屋居住或樂器演奏。

（二）收　益

所謂收益者（profit），係指收取所有物之天然孳息及法定孳息。前者，如果樹之果實；後者，如出租之租金。至於物之成分及其天然孳息，其於分離後，除法律另有規定外，仍屬於其物之所有人（民法第766條）。準此，物之構成部分，不得獨立為權利之客體。例如，房屋內之電梯，其與該房屋有不可分離之關係，而為該房屋之構成部分，故房屋所有權移轉後，房屋之受讓人即為電梯之所有人。

（三）處　分

處分者（dispose），包括事實處分及法律處分：1.事實處分係就標的物，為物質上之變形、改造、毀損或消滅等事實行為。例如，拆除房屋、銷毀車輛。2.法律處分係指法律行為，使標的物之權利發生移轉、變更或消滅。例如，設定抵押權或地上權。

（四）占　有

就物之使用或收益，均必須以占有為必要，故所有權在法律上自應有對所有物得為實際上管領之占有權能。準此，占有為所有權之積極權能（民法第767條第1項）。

二、消極權能

（一）內　容

所有人於法令限制之範圍內，得排除他人之干涉（民法第765條後段）。其排除他人干涉之方法，係所有人之物上請求權（民法第767條第1項），此為所有權之消極權能。物上請求權亦得為消滅時效之客體，惟已登記之不動產之所有人，其所有權返還請求權、防止妨害及除去妨害請求權，並無民法第125條之消滅時效規定適用[1]。

1. 所有物返還請求權

所有物返還請求權者或回復請求權，係所有人對於無權占有或侵奪其所有物者，得請求返還之（民法第767條第1項前段）。請求權之主體須為所有人，相對人須為現在無權占有其物之人，包含直接占有人與間接占有人。所謂無權占有，係指無占有權源而占有他人之物。所謂侵奪者，係指違背所有人之意願而強行取之。舉例說明如後：(1)甲之所有汽車遭乙偷竊或搶劫，甲得本於所有權之效用，對於無權占有之乙請求返還所有物。(2)公用地役關係為公法關係，私有土地具有供公眾通行使用之公用地役

---

[1] 大法官會議釋字第164號解釋。

關係者，土地所有權人之權利行使，固不得違反供公眾通行使用之目的，然特定之人倘違背公用地役關係，無權占用有上開關係之私有土地，受有不當利得時，土地所有人得行使物上請求權及請求該特定之人返還不當得利[2]。(3)占有乃對於物有事實上管領力之一種狀態，依一般社會觀念，足認占有人對一定之物於其實力下有確定、繼續支配之客觀關係者，即有事實上管領力。因建築物不能脫離土地而存在，建築物占有人當然須使用所坐落之土地，自與土地有一定與相當繼續性之結合關係，應認係土地占有人[3]。

2. 所有權除去妨害請求權

所有權除去妨害請求權者，係指所有人對於妨害其所有權者，得請求除去之（民法第767條第1項中段）。例如，甲未經土地所有人乙之同意，任意在甲之所有土地堆置雜物或種植樹木，乙得請求甲除去雜物或移開樹木。至於對於他人所有權加以妨害者，不論有無故意或過失，均負排除妨害之義務。

3. 所有權預防妨害請求權

預防妨害請求權，所有人對有妨害其所有權之虞者，得請求防止之（民法第767條第1項後段）。有無妨害之虞，應就具體事實，依據社會之一般通念決定。例如，甲、乙之房屋相鄰，甲之房屋年久失修，有隨時傾倒危及乙屋，乙得請求甲修補房屋，以防止甲屋倒塌後，導致乙屋受損。該排除妨害之費用，應由甲負擔之[4]。

（二）消滅時效之適用

已登記之不動產所有人所有物返還請求權與除去妨害請求權，並無民法第125條之消滅時效適用。反之，未登記不動產或動產所有物返還請求權或除去妨害請求權仍應適用民法第125條規定，因15年間不行使而消

---

[2]　最高法院102年度台上字第701號民事判決。
[3]　最高法院103年度台上字第2578號民事判決。
[4]　鄭玉波，民法物權，三民書局股份有限公司，1989年2月，修訂13版，頁64。

滅[5]。所謂已登記之不動產，係指其登記依據我國土地法與土地登記規則所完成之不動產登記者[6]。

（三）共有人逾越其應有部分行使權利

　　各共有人本其所有權之作用，固對於共有物之全部，均有使用收益權。然其使用收益之權，應按其應有部分而行使之，共有人對共有物之特定部分占用收益，須徵得他共有人全體之同意，倘未經他共有人同意而就共有物之全部或一部任意占用收益，則屬侵害他共有人之權利。他共有人自得本於所有權，請求除去其妨害或請求向全體共有人返還占用部分[7]。簡言之，共有人中之一人逾越其應有部分，行使所有權時，他共有人對該共有人得對其行使物上請求權。

（四）土地利用權

　　土地與房屋為各別之不動產，各得單獨為交易之標的，且房屋性質上不能與土地使用權分離而存在。故使用房屋必須使用該房屋之地基，而土地及房屋同屬一人，而將土地及房屋分開同時或先後出賣，其間雖無地上權設定，然除有特別情事，可解釋為當事人之真意，限於賣屋而無基地之使用外，均應推斷土地承買人默許房屋承買人繼續使用土地。準此，土地所有人不得向房屋承買人主張拆屋還地[8]。

參、取得時效

一、取得時效之定義

　　所謂取得時效者，係指無權利人繼續行使某種權利，經過一定期間，

---

[5] 大法官會議釋字第107號、第164號解釋。

[6] 最高法院70年台上第311號民事判例。

[7] 司法院(77)廳民1字第1199號，發文日期1988年10月8日。

[8] 最高法院48年台上字第1457號民事判例；最高法院71年度台上字第2718號民事判決。

符合一定要件，而依法律規定原始取得其權利之制度。取得時效不以意思表示為要素，故非法律行為，故取得時效之主體，不以有行為能力為必要。承認取得時效之理由，在於保護長期所生之法律關係，以謀社會秩序與法律安定之公益。

二、取得時效之要件

（一）占　有

因取得時效係以占有為基礎事實，是占有人必須以所有之意思（intent of being an owner），和平、公然、繼續占有標的物。所謂以所有之意思而占有，係占有人以與所有人對於所有物支配相同之意思，而支配動產或不動產之占有，其為自主占有[9]。所謂和平占有，係指不藉強暴手段開始或維持其占有而言。所謂公然占有，係指占有人對於物之利害關係人，不以隱密之方法占有標的物。法律對於占有人，推定其為以所有之意思，善意、和平、公然及無過失占有，經證明前後兩時為占有者，推定前後兩時之間，繼續占有（民法第944條）。

（二）他人之物

取得時效係於他人物上取得所有權之方法，在自己物上自無取得時效之可言。因公同共有物或分別共有物之所有權，其屬於共有人之全體，非各共有人對於共有物均有一個單獨所有權。倘公同共有人或分別共有人中之一人以單獨所有之意思占有共有物，亦屬占有他人之不動產[10]。國家或其他公法機關，以國家或公法人所有之意思占有人民之物者，亦得依據時效取得所有權[11]。

---

[9]　最高法院81年度台上字第285號民事判決。
[10]　最高法院32年上字第110號、第826號民事判例。
[11]　司法院院解字第2926號解釋。

（三）取得動產所有權之法定期間

1. 占有之始非善意所有之意思

10年間和平、公然及繼續占有他人之動產者（personal property），取得其所有權（民法第768條）。所有權取得時效之要件，須為以所有之意思而占有。例如，甲竊取乙機車，10年間和平、公然使用之，機車之所有權於10年期滿時，即歸甲原始取得所有權，使動產所有權之歸屬狀態，得以確定。因時效而取得權利，民法有明文規定，即與無法律上之原因而受利益之情形有別，自不生不當得利之問題（民法第179條）。

2. 占有之始為善意及無過失

以所有之意思，5年間和平、公然及繼續占有他人之動產，而其占有之始為善意並無過失者，取得其所有權（民法第768條之1）。所謂無過失，係指已盡善良管理人之注意，仍不知自己係無權利之人。而占有之標的物，不論有無過失，均須為他人之物，倘為自己之物或無主物，均不生取得時效問題。

（四）取得不動產所有權之法定期間與標的物

1. 占有之始非善意

占有人以所有之意思，20年間和平、繼續及公然占有他人未登記之不動產者（real property），得請求登記為所有人（民法第769條）。例如，甲以所有之意思，占有乙未辦理登記之房屋，經過20年後，即得經土地四鄰證明，可由一方單獨聲請為房屋所有權登記（土地法第54條）[12]。經登記完成時，甲即原始取得所有權。

2. 占有之始為善意及無過失

占有人以所有之意思，10年間和平、繼續及公然占有他人未登記之不動產，而其占有之始為善意（good faith）並無過失者，得請求登記為所有人（民法第770條）。

---

[12] 最高法院68年台上字第1584號民事判例。

3. 他人未登記之不動產

因不動產登記有絕對之效力，故他人已登記之不動產，縱使占有人善意而無過失，亦不因時效而取得其所有權。取得時效僅具有請求登記為所有人之資格，故登記未完成前，尚未取得所有權。準此，對於無法辦理登記之違章建築，自不能依時效取得其所有權。

三、取得時效之中斷

取得時效中斷者，係指於取得時效進行中，有與取得時效要件相反之事實發生，使已經過之期間失其效力，而必須重新起算其期間。取得時效中斷之事由有三：

（一）自行中止占有

占有人自行中止占有，係指占有人依據自己之意思而放棄占有，如拋棄占有。惟占有人僅疏於監督，並未完全脫離其管領關係，或直接占有變成間接占有，均不能認為已中止其占有。

（二）變為他主占有

占有人本於所有之意思而占有，嗣後變為不以所有之意思而占有，即以其他意思之他主占有。例如，占有人承認物主所有權，而成為占有輔助人之地位。或者變為取得其他物權之意思而占有其物。例如，變為以取得地上權之意思而占有。

（三）占有被侵奪而未回復

占有為他人侵奪者，係指非基於占有人自己之意思而被他人奪取而喪失占有。倘占有人無法依據民法第949條規定之盜贓物之回復請求權，或第962條規定之占有人之物上請求權，回復其占有者。遺失物之部分應適用民法第803條至第807條規定，不生取得時效中斷問題。

四、取得時效之效力

（一）原始取得

因取得時效完成而取得物之所有權，為原始取得，原權利人之權利，即歸於消滅。在民事訴訟，縱使占有人未主張取得時效，法院亦得依據職權認定而據以裁判。

（二）動　產

就動產而言，動產占有人即取得所有權，無須其他手續（民法第768條、第768條之1）。占有人於取得時效完成時，取得動產所有權，不溯及占有開始之時期。

（三）不動產

取得時效完成後之效力，動產與不動產不同。詳言之，以所有之意思，占有他人未登記之不動產，其於取得時效完成時，僅取得請求登記為所有人之權利，並非當然取得所有權。取得時效係依占有之事實而取得權利，並非使原所有人負擔義務。所謂得請求登記為所有人，並非得請求原所有人同意登記為所有權人之意，而係指得請求地政機關登記為所有人而言。縱使占有人依時效得請求登記為所有權人，參照土地法第54條規定，應向該管地政機關聲請登記，在未依法登記為所有權人以前，仍不得據以對抗所有權人，而主張其為有權占有[13]。

五、其他財產權之取得時效

民法第768條至第771條規定之取得時效及時效中斷，其於所有權以外財產權之取得，準用之（民法第772條前段）。不動產所有權取得時效之客體，固以未登記之不動產為限。然限定物權，並不以未登記之不動產為限（民法第772條後段）。例如，時效取得地上權之構成要件有四[14]：(一)

---

[13] 最高法院69年度台上字第1443號民事判決。
[14] 蘇永欽主編，民法物權實例問題分析，謝哲勝，時效取得地上權，五南圖書出版股份有限公司，2002年1月，初版2刷，頁58-60。

占有之主觀意思：占有人以行使地上權之意思占有土地。(二)占有之客觀狀態：和平繼續公然在他人地上有建築物或其他工作物。(三)占有他人之不動產：他人土地不論是否登記，均得請求登記為地上權人[15]。(四)經過法定期間：占有之始為善意與無過失者為10年，善意有過失或惡意者為20年[16]。

肆、例題解析

一、所有權之消極權能

　　所有人於法令限制之範圍內，得排除他人之干涉（民法第765條後段）。故所有人之物上請求權於法令之限制，其有容忍之義務。甲之四周鄰居於乙所有A土地上通行，已歷數十年，是乙之A土地為既成巷道，既成為公眾通行之道路，自不容許私人在該道路上起造任何建築物，妨害交通。換言之，私有土地具有公用地役關係存在時，土地所有權人行使權利，不得違反供公眾通行之目的，而排除他人之使用[17]。乙之A土地已因時效完成而有公用地役關係之存在，公用地役關係並非私法上之權利，並不以登記為成立要件。因公用地役關係人係不特定之公眾，實際上無從為不動產役權之登記，且公用地役關係不以有供役地與需役地之存在為必要，故公用地役關係與私法之不動產役權性質不同。準此，乙所有之A土地為實際供公眾通行數十年之道路，雖未為地役權之登記，然不礙其有公用地役關係存在，政府機關將該有公用地役關係之土地編為巷道，並舖設

---

[15] 最高法院60年台上字第1317號、第4195號民事判例。

[16] 最高法院84年度台上字第1634號民事判決：占有人因時效而取得地上權登記請求權者，以已具備時效取得地上權之要件，向該管地政機關申請為地上權登記，倘經地政機關受理，受訴法院應就占有人是否具備時效取得地上權之要件，為實體上裁判。

[17] 最高法院88年度台上字第698號、97年度台上字第1255號民事判決。

柏油路面，乙有容忍之義務，不得行使所有權人之物上請求權，主張政府機關無權占有之法律關係，訴求政府機關除去柏油交還A土地[18]。

二、動產所有權之取得時效要件

　　所有權取得時效之要件，須為以所有之意思而占有，如丁係依據使用借貸關係而使用丙之B車，係屬他主占有，並非自主占有，即不能主張以所有意思占有而取得B車之所有權。反之，丁依民法第945條規定，變為以所有之意思占有而取得所有權時，滿10年後，丁取得B之所有權，因取得時效完成而取得B車之所有權，為原始取得，原權利人丙之所有權，即歸於消滅[19]。

三、不動產所有權之取得時效要件

　　占有人以所有之意思，20年間和平繼續占有他人未登記之不動產者，得請求登記為所有人（民法第769條）。民法物權編施行前占有不動產而具備民法第769條或第770條之條件者，自施行之日起，得請求登記為所有人（民法物權編施行法第8條）。戊趁己出國經商之際，以所有之意思占有己未登記之C房屋，期間已逾20年，固符合取得時效之要件。然占有他人未登記之不動產，其於取得時效完成時，僅取得請求登記為所有人之權利，應向該管地政機關聲請登記（土地法第54條）。在未依法登記為所有權人前，不得據以對抗所有權人，而主張其為有權占有。準此，己知悉其所有之C房屋遭戊占用中，自得請求戊返還之，戊於取得時效完成時，僅取得請求登記為所有人之權利，尚不得視為所有人而主張有權占有C房屋，故己之請求有理由。

---

[18] 行政法院61年判字第435號判例。
[19] 司法院第3期司法業務研究會，民事法律問題研究彙編，3輯，頁113。

【習題9】

甲將所有A土地出賣予乙，並已交付占有，渠等逾15年而未完成所有權移轉登記，乙對甲有何權利得以主張？

如題所示：(一)買受人乙請求出賣人甲移轉登記A土地所有權之請求權，已罹於時效（民法第125條）。(二)乙基於買賣契約之法律關係，係有權占有A土地。(三)倘甲將A土地所有權移轉登記予第三人，第三人得依據民法第767條第1項請求乙返還A土地。

【習題10】

丙於丁所有已登記B土地興建房屋，丙無權占有20年後，即向地政事務所申請時效取得地上權登記，丁知悉上情，乃向法院起訴請求丙拆屋還地，試問丁之請求是否有理？

占有人因時效而取得地上權登記請求權者，以已具備時效取得地上權之要件，向該管地政機關請求為地上權登記，倘經地政機關受理，受訴法院即應就占有人是否具備時效取得地上權之要件，為實體上裁判[20]。準此，經時效取得地上權者，具有占有之本權。

【習題11】

試說明所有權取得時效之要件。

所有權取得時效之要件如後：(一)占有人必須以所有之意思、和平、公然、繼續占有標的物。(二)他人之物。(三)動產所有權之取得時效的法定期間為10年（民法第768條）或5年（民法第768條之1），前者占有之始非善意，後者者占有之始為善意及無過失。(四)不動產所有權之取得時效的法定期間有二：1.占有之始非善意為20年（民法第769條）。2.占有之始為善意及無過失為10年（民法第770條）。(五)不動產所有權之取得時效之標的物限於他人未登記之不動產。

---

[20] 最高法院80年度第2次民事庭會議。

第二節　不動產所有權

本節目標在使研讀者瞭解不動產所有權（ownership of the real property）之概念，重心在於知悉土地所有權之範圍、相鄰關係及區分所有。

第一項　土地所有權之範圍

本項目標在使研讀者瞭解土地所有權之範圍所在與其限制。對於土地所有權之限制，散見於各法律中，不限於民法所規範者。

例題13

甲準備於其所有之土地上，興建房屋，甲於開挖地基時，發現地下有豐富之銅礦。試問銅礦屬何人所有？依據為何？

壹、土地所有權之範圍

土地所有權（ownership of land）之行使範圍，為立體之概念，有地上、地面及地下三部分。故土地所有權，除法令有限制外，其於行使有利益之範圍內，及於土地之上下（民法第773條前段）。例如，附著於土地之礦，不因土地所有權之取得而成為私有（土地法第15條第1項）。前項所稱之礦，以礦業法所規定之種類為限（第2項）。土地之所有權除受法令之限制後，亦受事實之限制。如他人之干涉，無礙其所有權之行使者，不得排除之（民法第773條後段）。關於他人之干涉，其於何種情形，始為無礙其所有權之行使，除應依一般社會觀念定之外，亦應考慮是否嚴重損害他人之利益[21]。

---

[21] 姚瑞光，民法物權，自版，1995年10月，頁73。

貳、例題解析—土地所有權範圍之限制

中華民國領域、專屬經濟海域及大陸礁層內之礦，均為國有，非依本法取得礦業權，不得探礦及採礦（礦業法第2條）。因銅礦為礦業法所規定礦產（礦業法第3條第1項第3款）。故甲於開挖其所有土地之地基時，發現地下有豐富之銅礦，雖銅礦位於其土地地下，惟該銅礦應歸屬國有，不得由甲取得所有。

【習題12】

甲在自有之土地上建築房屋，該興建房屋之行為，會造成乙之建物之日照受影響，試問乙是否得禁止甲興建房屋？

甲在自有之土地上建築房屋，此為所有人行使合法權利，除非甲有權利濫用之情事（民法第148條第1項）。例如，甲與乙素來不睦，甲知悉乙非常懼怕紅色，而故意將建物漆成紅色，而甲之建物原非紅色，乙得主張甲有權利濫用之情事，請求除去附著於甲屋之紅漆。乙僅能於自有土地上設法移動自己之房屋，其無權利拆甲除房屋，以供自己日照之便利。

第二項　相鄰關係

本項目標在使研讀者瞭解不動產之相鄰關係，其包括相鄰關係之概念、危害之預防、關於水之相鄰、鄰地使用、逾越疆界及區分所有建築物等法律關係。其中以越界建築、竹木枝根越界、果實自落鄰地與袋地通行權部分為探討之焦點。

例題14

甲之所有土地為袋地，其與A社區坐落之土地及乙所有土地相鄰，甲通行A社區土地或乙所有土地均得至對外聯絡道路，惟通行A社區土地之防火巷，則路徑較近。試問甲得否主張通行該防火巷？理由為何？

例題15

　　丙為袋地所有人，其於丁之所有B土地上闢設道路通行逾10年，丙對於通行丁之B土地，因此所受之損害。試問應支付之償金應自何時起算及應如何計算？依據為何？

例題16

　　戊之C地與己之D地相鄰，戊建築房屋而占用D地，並竣工完畢，己至大陸經商，數年後回臺灣，始知有越界之情事。試問己是否得向戊主張拆屋還地？理由為何？

例題17

　　庚庭院內之芒果樹樹枝蔓延至辛之土地上，辛為免費品嚐芒果之滋味，乃取家中之竹竿將芒果打下自食。試問庚是否得請求辛返還之？理由為何？

壹、相鄰關係之概念

一、權　義

　　所謂不動產之相鄰關係，係指相鄰接之不動產權利人相互間之權利義務關係。為調和不動產之利益，故民法課予義務人協力義務，賦予權利人一定之權利。就義務人而言為所有權之限制；反之，就權利人以觀則為所有權之擴張。

二、類　型

　　民法就相鄰關係之規定，其可分三種類型：(一)在於鄰地之支配權

者，如民法第786條至第788條。(二)在於使鄰地所有人負作為之義務者，如民法第774條及第795條。(三)在於使鄰地所有人負不作為之義務者，如民法第775條及第777條。相鄰關係所稱之鄰地範圍，通常不以毗鄰土地為限，凡土地所有人行使權利可遭受損害之土地，均包含在內。

貳、危害之預防

一、防免經營工業之損害

　　土地所有人（landowner）經營事業及行使其所有權，應注意防免鄰地之損害（民法第774條）。其屬民法第184條第2項所稱保護他人之法律。鄰地所有人有權請求對方設置防險設備，土地所有人未盡防免義務時，導致鄰地所有人遭受損害時，推定其有過失，應依侵權行為規定，負賠償責任[22]。例如，空氣污染防制法係行政法，其立法目的，在維護國民健康、生活環境，以提高生活品質。故工廠排放空氣污染物，雖未超過主管機關依空氣污染防制法公告之排放標準，然造成鄰地農作物發生損害，亦應負損害賠償責任[23]。

二、氣響侵入之禁止

　　土地所有人於他人之土地、建築物或其他工作物有瓦斯、蒸氣、臭氣、煙氣、熱氣、灰屑、喧囂、振動及其他與此相類者侵入時，得禁止之。但其侵入輕微，或按土地形狀、地方習慣，認為相當者，不在此限（民法第793條）。例如，甲、乙所有土地毗連，甲在接界之房屋牆壁，開設窗戶及設置煙囪，倘煙囪係供家常爐灶之用，甲有設置之權利，乙不得以其煙氣侵入為由，請求予以禁止。反之，長期以敲擊地板之方式製造噪音，而其音量、頻率、時間及次數均已超越一般人社會生活所能容忍之

---

[22] 王澤鑑，民法物權第1冊，通則•所有權，自版，1992年4月，頁172。
[23] 最高法院83年台上字第2197號民事判例。

範圍，鄰地所有人自得禁止之。

三、地基或工作物危險之預防義務

土地所有人開掘土地或為建築時，不得因此使鄰地之地基動搖或發生危險，或使鄰地之建築物或其他工作物受其損害（民法第794條）。民法第184條第2項規定，違反保護他人之法律者，推定其有過失。而民法第794條規定，係保護他人維持社會公共利益之規定，屬保護他人之法律。倘有違反之者，即應推定其有過失。準此，土地所有人為建築時，致鄰地之建物受損害，自應負損害賠償責任[24]。

四、工作物傾倒危險之預防

建築物或其他工作物之全部，或一部有傾倒之危險，致鄰地有受損害之虞者，鄰地所有人，得請求為必要之預防（民法第795條）。例如，甲之房屋遭地震毀損，經勘查結果認為足以危害公共安全之建築物，其鄰地之所有人得依民法第795條行使權利，請求甲為一定必要之預防設施。所謂鄰地，並不以相鄰接之土地為限，凡為該建築物或工作物之傾倒會損及之土地，均包括在內。

參、關於水之相鄰關係

一、用水關係

（一）用水權

水源地、井、溝渠及其他水流地之所有人得自由使用其水。但法令另有規定或另有習慣者，不在此限（民法第781條）。是水流地所有人得自由使用公共之流水，因用水之必要，固得設置相當之工作物，惟須於不妨害他人使用之限度內為之。水源地或井之所有人對於他人因工事杜絕、減

---

[24] 最高法院100年度台上字第1012號民事判決。

少或污染其水者，得請求損害賠償。倘其水為飲用或利用土地所必要者，並得請求回復原狀；其不能為全部回復者，仍應於可能範圍內回復之（民法第782條第1項）。前開情形，損害非因故意或過失所致，或被害人有過失者，法院得減輕賠償金額或免除之（第2項）。

（二）用水權之限制

自然流至之水為鄰地所必需者，土地所有人縱因其土地利用之必要，不得妨阻其全部（民法第775條第2項）。倘水圳之水，係由人工開設導入者，則與所謂自然流至之水有別[25]。再者，土地所有人有使用鄰地餘水之用水權，即土地所有人因其家用或利用土地所必要，非以過鉅之費用及勞力不能得水者，得支付償金，對鄰地所有人請求給與有餘之水（民法第783條）。土地所有人既然有用水權，倘土地因蓄水、排水、或引水所設之工作物、破潰、阻塞，致損害及於他人之土地，或有致損害之虞者，土地所有人應以自己之費用，為必要之修繕、疏通或預防。但其費用之負擔，另有習慣者，從其習慣（民法第776條）。

二、排水關係

（一）自然排水

自然排水包含土地所有人承水義務與疏水權利。前者，土地所有人不得妨阻由鄰地自然流至之水（民法第775條第1項）。後者，係指水流如因事變在鄰地阻塞，土地所有人得以自己之費用，為必要疏通之工事。但鄰地所有人受有利益者，應按其受益之程度，負擔相當之費用（民法第778條第1項）。前開費用之負擔，另有習慣者，從其習慣（第2項）。

（二）人工排水

1. 使雨水直注相鄰不動產之禁止

土地所有人不得設屋簷、工作物或其他設備，使雨水或其他液體直注

---

[25] 最高法院44年台上字第490號民事判例。

於相鄰之不動產（民法第777條）。例如，甲所有房屋之飛簷及露台伸出於乙所有土地上方，導致下雨時，雨水直入乙之所有土地，乙得請求甲除去伸出之飛簷與露台。

2. 土地所有人之過水權

土地所有人因使浸水之地乾涸，或排泄家用或其他用水，以至河渠或溝道，得使其水通過鄰地。但應擇於鄰地損害最少之處所及方法為之（民法第779條第1項）。前項情形，有通過權之人對於鄰地所受之損害，應支付償金（第2項）。前開情形，法令另有規定或另有習慣者，從其規定或習慣（第3項）。第1項但書之情形，鄰地所有人就處所及方法有異議時，有通過權之人或異議人得請求法院以判決定之（第4項）。過水權並無所謂時效取得之規定，故藉由他人土地過水已逾20年，亦不得主張因時效取得過水權。

3. 他人過水工作物使用權

土地所有人因使其土地之水通過，得使用鄰地所有人所設置之工作物。但應按其受益之程度，負擔該工作物設置及保存之費用（民法第780條）。

三、水流之變更與設堰

（一）水流變更水權

水流地對岸之土地屬於他人時，水流地所有人不得變更其水流或寬度（民法第784條第1項）。兩岸之土地均屬於水流地所有人者，其所有人得變更其水流或寬度。但應留下游自然之水路（第2項）。前開情形，法令另有規定或另有習慣者，從其規定或習慣（第3項）。

（二）堰之設置與利用

水流地所有人有設堰之必要者，得使其堰附著於對岸。但對於因此所生之損害，應支付償金（compensation）（民法第785條第1項）。對岸地所有人於水流地之一部屬於其所有者，得使用前開之堰。但應按其受益之

程度，負擔該堰設置及保存之費用（第2項）。前開情形，法令另有規定或另有習慣者，從其規定或習慣（第3項）。

肆、鄰地使用關係

一、管線安設權

電力、水或煤氣為吾人日常生活所必須者，故土地所有人非通過他人之土地，不能設置電線、水管、瓦斯管或其他管線，或雖能設置而需費過鉅者，得通過他人土地之上下而設置之。但應擇其損害最少之處所及方法為之，並應支付償金（民法第786條第1項）。依前開規定，設置電線、水管、瓦斯管或其他管線後，如情事有變更時，他土地所有人得請求變更其設置（第2項）。既然管線為土地所有人所安設，是變更安設之費用，原則上由土地所有人負擔。但法令另有規定或另有習慣者，從其規定或習慣（第3項）。第779條第4項規定，第1項但書情形準用之（第4項）。即他土地所有人對於處所及方法，土地所有人或他土地所有人得請求法院以判決定之。容忍他人安設管線之義務，性質係對土地所有權之限制，該人並不因此取得用益物權或其他權利，故土地所有權人拒絕他人安設管線，雖導致該人經濟利益可能有所減損，然並未侵害該人之權利[26]。

二、袋地通行權

（一）通行權之要件

土地因與公路無適宜之聯絡（suitable access），致不能為通常使用者，該土地為袋地（piece of land），土地所有人得通行周圍地以至公路，故袋地所有人對鄰地有法定通行權（民法第787條第1項）。其情形不以土地絕對不通公路為限，倘土地因其通行困難以致不能為通常之使用時，亦

---

[26] 最高法院93年度台上字第2453號民事判決。

應許其通行周圍地以至公路，此為準袋地。有通行權人，應於通行必要之範圍內，擇其周圍地損害最少之處所及方法為之。為平衡渠等間之利用關係，袋地所有人對於通行地因此所受之損害，應支付償金，其為有償通行權。（第2項）。第779第4項規定，其於前項情形準用之（第3項）。鄰地所有人就處所與方法有異議時，袋地土地所有人或鄰地土地所有人得請求法院以判決定之。

（二）適用對象

袋地通行權在於調和土地相鄰之關係，以全其土地之利用，雖明定周圍地所有人負有容忍通行之義務。然土地嗣後與公路已有適宜之聯絡，而能為通常之使用者，周圍地所有人自無須繼續容忍其通行，土地所有人不得再主張通行周圍地[27]。民法物權編關於土地相鄰關係之規定，其立法意旨在於調和相鄰不動產之適法利用。而鄰地通行權之性質，為土地所有權人所有權之擴張與鄰地所有權人所有權之限制，是以土地所有權人或使用權人，確有通行鄰地之必要，鄰地所有權人或使用權人，即有容忍其通行之義務，此為法律上之物的負擔。土地所有權人或使用權人，基於其物權之作用，行使上開請求權時，其對象不以鄰地所有權人為限[28]。

（三）開路通行權

有通行權人於必要時，得開設道路（民法第788條第1項本文）。例如，通行權為農地時，基於農業機械化之需求，應以耕耘機械通過所須寬度，作為道路所需之寬度。倘開設道路對於通行地因此所受之損害，應支付償金（民法第788條第1項但書）。通行權人開設道路，導致通行地損害過鉅者，通行地所有人得請求有通行權人以相當之價額購買通行地及因此形成之畸零地，其價額由當事人協議定之；不能協議者，得請求法院以判決定之（第2項）。償金請求權適用15年之消滅時效期間（民法第125

---

[27] 最高法院93年度台上字第2453號民事判決。
[28] 最高法院70年度台上字第3334號民事判決。

條）。

（四）通行權之限制

因土地一部之讓與或分割，而與公路無適宜之聯絡，致不能為通常使用者，土地所有人因至公路，僅得通行受讓人或讓與人或他分割人之所有地，且不因嗣後部分土地之再轉讓，使原有之通行權消滅（民法第789條第1項前段）。數宗土地同屬於一人所有，讓與其一部或同時分別讓與數人，而與公路無適宜之聯絡，致不能為通常使用者，亦同（第1項後段）。有通行權人，無須支付償金，此為無償通行權（第2項）。此為相鄰土地通行權之特別規定，應優先於民法第787條所定一般鄰地通行權而適用。依據民法第789條規定意旨，在於當事人合意為讓與或分割土地時，對於不能與公路適宜聯絡之情況，當為其所預見，而可期待其事先為合理解決。故土地所有人不能因自己之讓與或分割土地得結果，導致通行共有人、受讓人或讓與人以外之土地所有人的土地，而造成第三人不測之損害。職是，判決分割或強制拍賣者，並非協議分割或自願性讓與，應不適用本條規定，倘符合民法第787條袋地之要件，自可通行鄰地。

三、營繕之鄰地使用權

土地所有人因鄰地所有人在其地界或近旁，營造或修繕建築物或其他工作物有使用其土地之必要，應許鄰地所有人使用其土地。但因而受損害者，得請求償金（民法第792條）。所謂有使用之必要，係指除使用鄰地外，即無以完成其營造或修繕建築物之工作而言。倘僅係為減少工作之時間或費用者，自與有使用之必要未符。既然明定為使用鄰地所有人之土地，自不包括鄰地之建築物在內，其使用他人之建築物時，仍應得該他人之同意。

四、土地侵入之禁止

土地所有人原則上得禁止他人侵入（trespass）其土地內。例外情形有三，土地所有人應容許他人進入，不得加以禁止：(一)他人有通行權者

（民法第790條第1款）。例如，袋地通行權（民法第787條至第789條）或約定設有通行不動產役權而有權通行者。(二)依地方習慣，任他人入其未設圍障之田地、牧場、山林刈取雜草，採取枯枝枯幹，或採集野生物，或放牧牲畜者（民法第790條第2款）。(三)土地所有人，遇他人之物品或動物偶至其地內者，應許該物品或動物之占有人或所有人入其地內，尋查取回（民法第791條第1項）。所有人僅負容忍尋查為限，因尋查取回物品或動物之允許侵入他人所有土地者，倘導致土地所有人受有損害者，得請求賠償。而於未受賠償前，得留置該物品或動物（第2項）。

伍、越界之相鄰關係

一、越界建築

（一）構成要件

1. 越界建築人為土地所有人

所謂越界建築者，係指土地所有人因故意或重大過失建築房屋逾越疆界（beyond boundary），不包含無權占有人與抽象輕過失、具體輕過失建築房屋逾越地界者（民法第796條第1項本文）。

2. 建築房屋逾越疆界

所謂土地所有人建築房屋逾越疆界，係指土地所有人在其自己土地建築房屋，僅其一部分逾越疆界者而言。倘其房屋之全部建築於他人之土地，則不適用之。再者，鄰地所有人之忍受義務，係為土地所有人所建房屋之整體，有一部分逾越疆界，若予拆除，勢將損及全部建築物之經濟價值而設。故土地所有人所建房屋整體之外，越界加建房屋，則鄰地所有人得請求拆除[29]。例如，圍牆、畜舍並無民法第796條第1項之適用，鄰地所有人自得主張拆除。

---

[29] 最高法院67年台上字第800號民事判例。

3. 鄰地所有人知其越界而不即提出異議

鄰地所有人如知其越界而不即提出異議，不得請求移去或變更其建築物，以免造成建築者個人與社會經濟之損失（民法第796條第1項本文）。反之，鄰地所有人不知情時，雖在建築完成後，仍得請求移去或變更其建築物。所謂不即提出異議，係指鄰地所有人或其他有異議權者知悉建築逾越疆界後，依社會一般觀念，得表示異議而不為表示而言[30]。如鄰地為共有時，共有人之其中一人知悉而不即提出異議，則有忍受之義務。土地所有人建築房屋逾越疆界者，主張鄰地所有人知其越界而不即提出異議者，應就此項事實負舉證之責任[31]。反之，共有人之其中一人提出異議，越界建築人即負有除去或變更建物之義務[32]。

（二）法律效果

1. 容忍義務

鄰地所有人知其越界而不即提出異議，鄰地所有人不得請求移去或變更越界之建築物，負有忍受義務者（民法第796條第1項本文）。換言之，鄰地所有人不得依據民法第767條第1項規定，行使所有權物上請求權，請求拆除越界之房屋與交還占有之土地，其有容忍土地所有人使用土地之義務。

2. 土地購買請求權

為平衡鄰地所有人須容忍土地所有人使用其土地之不利益，鄰地所有人得請求土地所有人，而有土地購買請求權與損害賠償請求權，得請求越界建築人，以相當之價額，購買越界部分之土地（民法第796條第1項但書）。所謂相當價格，應解為以請求購買時之市價為準。前開情形，鄰地所有人得請求土地所有人，以相當之價額購買越界部分之土地及因此形成之畸零地，其價額由當事人協議定之，不能協議者，得請求法院以判決定

---

[30] 最高法院42年台上第122號、43年台上第367號民事判例。
[31] 最高法院45年台上字第931號民事判例。
[32] 王澤鑑，民法物權第1冊，通則•所有權，自版，1992年4月，頁187-188。

之（第2項）。

3. 損害賠償請求權

越界建物原屬侵害鄰地所有人所有權之侵權行為，故鄰地所有人於一定條件下，雖負有容忍之義務，惟鄰地所有人因而受有損害者，自得請求土地所有人賠償（民法第796條第1項但書）。

4. 物上請求權

原則上鄰地所有人知其越界而即提出異議者，鄰地所有人自無容忍其使用之義務。故鄰地所有人得依據民法第767條第1項規定，請求越界建築人有除去或變更越界部分之建築，並交還該部分土地；或者依據侵權行為之法律關係，請求侵權行為之損害賠償（民法第184條第1項前段）。例外情形，土地所有人因過失建築房屋逾越地界，鄰地所有人請求移去或變更時，法院得斟酌公共利益及當事人利益，免為全部或一部之移去或變更（民法第796條之1第1項）。職是，土地所有人有損害賠償與土地購買請求權（第2項）。

（三）準用之規定

民法第796條關於越界建築之規定，準用於地上權人間、農育權人間、典權人間及該等物權人與所有人間（民法第800條之1）。例如，地上權人建築房屋逾越疆界，鄰地所有人知其越界而不即提出異議，鄰地所有人不得請求移去或變更越界之建築物。至於基地承租人、借用人或其他土地利用權人，因相鄰關著重調和利用關係，不重所有權之歸屬，故亦應準用之。

二、植物枝根越界

土地所有人遇鄰地植物之枝根有逾越地界者，得向植物所有人，請求於相當期間內刈除之（民法第797條第1項）。植物所有人不於前開期間內刈除者，土地所有人得刈取越界之枝根，並得請求償還因此所生之費用（第2項）。刈除與刈取之涵義不同，後者不僅刈而除之，並得歸於己

有。越界植物之枝根，如於土地之利用無妨害者，不適用前開規定（第3項）。

三、果實自落鄰地

果實自落於鄰地者（adjacent land），視為屬於鄰地所有人（民法第798條本文）。雖無須鄰地所有人具有先占之意思，惟得以取得所有權者，以自然墜落之果實為限。例如，瓜熟落地或強風吹落。故以外力介入而墜落者，則不得取得果實所有權。但鄰地為公用地者，其自落之果實仍歸於果樹所有人（但書）。

陸、例題解題

一、袋地通行權

土地因與公路無適宜之聯絡，致不能為通常使用者，該土地為袋地，除因土地所有人之任意行為所生者外，土地所有人得通行周圍地以至公路（民法第787條第1項本文）。甲之所有土地為袋地，其與A社區坐落之土地及乙所有土地相鄰，甲通行上開土地均得至對外聯絡道路，雖通行A社區土地之防火巷，路徑較近。然建築物所應留設之法定空地，為建築基地之一部分，不得重複使用（建築法第11條第4項）。因法定空地作為防火間隔使用，目的在阻隔火勢蔓延，藉以逃生避難，並非供公眾平常通行之用，不得以防火間隔作為主要通路[33]。故A社區之法定空地，作為防火間隔使用，自不得作為主要進出通路之用[34]。職是，甲不得對A社區之防火巷主張通行權，其僅得就乙所有土地主張袋地通行權。

---

[33] 內政部1977年3月12日台內營字第731475號、1987年7月3日台內營字第513682號函釋。

[34] 最高法院83年度台上字第1009號民事判決。

二、袋地通行權人之支付償金

　　袋地通行權人行使通行權,將使通行地所有人不能使用通行地或通行該通行地受到限制,是應支付償金(民法第787條第2項)。此為通行地因此不能使用或使用受到限制所受損害之補償,此項支付償金之義務,應自取得通行權時起算。丙於丁所有B土地上闢設道路通行,已逾10年,顯見其取得通行權已在10年以上,應自10年前實際取得通行權時起算。至於償金計算標準,因民法第787條、第788條規定,對於通行地因此所受之損害,應支付償金。所謂所受損害,參酌民法第216條第1項規定之損害賠償,包括所受損害及所失利益,是所受之損害應作相同解釋。準此,民法第787條之所受損害,即以實際所生之損害為償金計收標準[35]。

三、越界建築

　　土地所有人建築房屋非因故意或重大過失逾越疆界者,鄰地所有人如知其越界而不即提出異議,不得請求移去或變更其建築物,以兼顧個人與社會經濟之利益(民法第796條第1項本文)。反之,土地所有人建築房屋係因抽象或具體輕過失逾越疆界者,鄰地所有人在建築完成後,不得請求移去或變更其建築物。準此,戊之C地與己之D地相鄰,戊建築房屋而占用D地,並竣工完畢,己嗣後知悉有越界之情事,依據民法第796條第1項本文之解釋,倘戊有故意或重大過失者,己自得向己主張拆屋還地;倘己不主張拆屋還地,己得請求戊購買越界部分之土地(民法第796條第2項)。

四、果實落入鄰地

　　果實自落於鄰地者,視為屬於鄰地(民法第798條本文)。固無須鄰地所有人具有先占之意思,惟得以取得所有權者,以自然墜落之果實為

---

[35] 司法院(83)廳民1字第22562號函,發文日期1984年12月14日,民事法律問題研究彙編,9輯,頁216-219。

限。反之，以外力介入而使果實墜落者，因物之成分及其天然孳息，其於分離後，除法律另有規定外，仍屬於其物之所有人，鄰地所有人不得取得果實所有權（民法第766條）。準此，庚庭院內之芒果樹樹枝蔓延至辛之土地上，辛為免費品嚐芒果之滋味，遂取家中之竹竿將芒果打下自食，因屬外力介入而使芒果落入辛之土地，庚自得依據民法第767條第1項向辛請求返還芒果。

【習題13】

甲、乙為相鄰土地之承租人，甲承租之土地不通公路，其有必要通行乙承租之土地，試問甲得否有權通行乙承租之土地？
民法創設鄰地通行權，原為發揮袋地之利用價值，使地盡其利，增進社會經濟之公益目的。是以袋地無論由所有權或其他利用權人使用，周圍地之所有權及其他利用權人均有容忍其通行之義務[36]。

【習題14】

丙地上有A果樹，因丁駕車不慎撞擊A果樹，導致果實墜落至丁地，試問該果實歸屬何人所有？
果樹遭他人車輛撞擊，導致果實墜落鄰地，該情事非屬自落之原因，故鄰地所有人無法取得果實之所有權。

【習題15】

試說明越界建築之法律效果。
越界建築之法律效果如後：(一)容忍義務。(二)土地購買請求權。(三)損害賠償請求權。(四)物上請求權。

---

[36] 最高法院79年度第2次民事庭會議(2)。

第三項　區分所有

本項目標在使研讀者瞭解建築物區分所有之定義、共同使用部分之推定共有、他人正中宅門之使用。

例題18

甲、乙及丙等人各為同一大樓之區分所有建物之第一層至第三層樓所有權人，乙將霓虹燈廣告招牌懸掛於第二層與第三層樓牆壁外牆，試問甲及丙得否依民法第767條第1項規定，請求乙拆除該霓虹燈廣告招牌？

壹、區分所有建築物之定義

一、民法與公寓大廈管理條例之規定

有關區分所有建築物所有人間，就專有部分及共有部分，其關係相當複雜。而公寓大廈管理條例加以規範，其為民法之特別法，是以民法規定為基礎，輔以公寓大廈管理條例加以補充。所謂區分所有建築物，係指數人區分一建築物而各有其專有部分，並就其共用部分按其應有部分有所有權（民法第799條第1項；公寓大廈管理條例第3條第2款）。所謂專有部分者，係指區分所有建築物在構造上與使用上具有獨立性，且得為單獨所有權之標的者（民法第799條第2項；公寓大廈管理條例第3條第3款）。同一建築物屬於同一人所有，經區分為數專有部分登記所有權者，準用區分所有建築物之規定（民法第799條之2）。

二、構造及使用均具有獨立性

作為區分所有建築物之專有部分，其所有權之標的物須具獨立性，數人區分一建築物而各有其一部分，必須被區分之部分，在構造上及使用上均具有獨立性：(一)所謂構造上之獨立性，係指建築物經區分之特定部

分，係以牆壁、樓板等建築構造物，而與建築物之其他部分隔離，達適合為物之支配程度，客觀足以明確劃分其範圍。(二)使用上獨立性之判斷，其首要決定因素在於建築物之特定部分，有無自己之出入門戶，可直接與建築物之外界相通，或者利用建築物之共有部分，如共有樓梯、大門，而與外界相通[37]。例如，大樓之基礎結構，其與大樓建築本體不可分離，為其構成部分，不具獨立性，自不得單獨為所有權之客體[38]。故大樓分層、分間或分套所有。區分所有權人除法律另有限制外，對其專有部分，得自由使用、收益、處分，並排除他人干涉（公寓大廈管理條例第4條第1項）。

貳、區分所有建築物之共同部分

區分所有建築物之共有部分，指區分所有建築物專有部分以外之其他部分及不屬於專有部分之附屬物（民法第799條第2項後段）。所謂共用部分，係指公寓大廈專有部分以外之其他部分及不屬專有之附屬建築物，而供共同使用者（公寓大廈管理條例第3條第4款）。例如，大門、屋頂、地基、走廊、階梯、共同壁等，性質不許分割而獨立為區分所有客體之部分而言。區分所有中之共同部分之共有，其與一般之共有不同，區分所有之共有物，依其使用之目的，不許分割（民法第823條第1項但書）。換言之，專有部分不得與其所屬建築物共用部分之應有部分及其基地所有權或地上權之應有部分分離，而為移轉或設定負擔（公寓大廈管理條例第4條第2項）。

---

[37] 謝在全，民法物權上冊，自版，修訂3版，2004年8月，頁375-377。
[38] 最高法院88年度台上字第1708號民事判決。

參、區分所有建築物共有部分之費用負擔

區分所有建築物共有部分之修繕費及其他負擔，由各所有人按其應有部分分擔之。但規約另有約定者，不在此限（民法第799條之1第1項）。專有部分經依第799第3項之約定供區分所有建築物之所有人共同使用者，準用之（第2項）。

肆、共有部分及基地之應有部分

區分所有人就區分所有建築物共有部分及基地之應有部分，依其專有部分面積與專有部分總面積之比例定之。但另有約定者，從其約定（民法第799條第4項）。專有部分與其所屬之共有部分及其基地之權利，不得分離而為移轉或設定負擔（第5項）。

伍、規約所生之權利義務

一、繼受人應受拘束

區分所有人間依規約所生之權利義務，繼受人應受拘束。其依其他約定所生之權利義務，特定繼受人對於約定之內容明知或可得而知者，亦同（民法第799條之1第4項）。詳言之，區分所有建築物之各區分所有人因各專有該建築物之一部或共同居住其內，其形成共同團體。而規約係由區分所有人團體運作所生，目的在於規範區分所有人相互間關於區分所有建築物及其基地之管理、使用等事項，以增進共同利益，確保良好生活環境為目的。準此，區分所有人及其繼受人就規約所生之權利義務，依團體法法理，無論知悉或同意與否，均應受其拘束，以維持區分所有人間所形成團體秩序之安定。至於區分所有人依其他約定所生之權利義務，其繼承人固應承受，然因非由團體運作所生，基於交易安全之保護，特定繼受人僅以明知或可得而知者為限，始受其拘束。所謂繼受人包括概括繼受與因法

律行為而受讓標的之特定繼受人在內。

二、請求法院撤銷規約要件

　　規約之內容依區分所有建築物之專有部分、共有部分及其基地之位置、面積、使用目的、利用狀況、區分所有人已否支付對價及其他情事，按其情形顯失公平者，不同意之區分所有人得於規約成立後3個月內，請求法院撤銷之（民法第799條之1第3項）。規約之約定是否有顯失公平情事，須就各項具體因素及其他相關情形綜合予以斟酌，以為判斷之準據。所謂不同意之區分所有人，包括自始未同意該規約約定或未參與其訂定者。

陸、他人正中宅門之使用

　　專有部分之所有人，有使用他專有部分所有人正中宅門之必要者，得使用之。但另有特約或另有習慣者，從其特約或習慣（民法第800條第1項）。因前開使用，致他專有部分之所有人受損害者，應支付償金（第2項）。所謂有使用他人正中宅門之必要者，係指依客觀事實有使用之必要者而言。例如，非使用他人之正中宅門，即無從通行出外者[39]。

柒、例題解析─區分所有權人之物上請求權

　　所謂區分所有建築物，係指數人區分一建築物而各有其專有部分，並就其共用部分按其應有部分有所有權（民法第799條第1項；公寓大廈管理條例第3條第2款）。區分所有之建築物結構體之外牆，其與一般區分所有權間之共同壁（即樓板），具有雙重性質者，未盡相同。而區分所有權間有其相互制約性之特質，其有防止共有人間發生使用權爭執之目的，故區

---

[39] 最高法院52年台上字第1056號民事判例。

分所有建築物之外牆應解為民法第799條第2項規定之專有部分。甲、乙及丙各為同一大樓之區分所有建物之第一層至第三層樓所有權人，乙將霓虹燈廣告招牌懸掛於第二層、第三層樓牆壁外牆，甲或丙自得依據民法第767條第1項規定請求乙拆除該霓虹燈廣告招牌[40]。

【習題16】

甲經拍賣取得乙之A大樓的區分所有權，試問甲應否繼受乙積欠依規約應負之管理費？

區分所有權之繼受人依公寓大廈管理條例第24條規定所繼受者，係契約地位之繼受，即後手對其繼受後所應生權利義務，悉依相關條例或規約定之，並非繼受前手已發生之債務。故縱令規約規定前手積欠之管理費應由後手繼受，後手亦無受規約該項規定之義務而繼受前手積欠之管理費[41]。

【習題17】

丙、丁、戊、己分別居住於B大樓之第一樓至第四樓，其中第三樓與第四樓間之樓地板，因不明原因漏水，試問應由何人負擔修理費？

應由第三樓與第四樓間樓地板之共有人戊、己共同負擔修理費。

第三節　動產所有權

　　本節目標在使研讀者暸解動產所有權（ownership of the personal property）之內容，知悉善意受讓、無主物先占、拾得遺失物、埋藏物發現及添附等法律意義與效果。其中善意受讓之要件與添附之定義、類型，為本節探討之焦點。

---

[40] 司法院(81)廳民1字第02696號函，發文日期1992年2月27日，民事法律問題研究彙編，8輯，頁190-193。

[41] 臺灣高等法院暨所屬法院93年法律座談會彙編，2005年5月，頁50-57。

第一項　善意受讓

本項目標在使研讀者瞭解動產善意受讓之定義、構成要件及其法律效果。

例題19

甲向乙承租10克拉之A鑽戒一枚，甲未經乙同意，擅自將A鑽戒出賣與丙，丙不知A鑽戒非甲所有而加以買受。乙於租賃期間屆滿，請求甲返還A鑽戒，乙始知上情。試問乙得否請求丙返還A鑽戒？理由為何？

壹、善意受讓之定義

所謂善意受讓或即時取得，係指動產讓與人與受讓人間，以移轉動產所有權為目的，由讓與人將動產交付與受讓人，受讓人於受讓動產之占有時，善意不知讓與人對該動產無處分權，法律為保護財產秩序中之交易安全，動產之受讓人占有動產，而受關於占有規定之保護者，縱讓與人無移轉所有權之權利，受讓人仍取得其所有權（民法第801條、第948條）[42]。例如，甲將其向乙借得之MP3 Player，出賣與善意之丙，丙信賴甲之占有表徵，雖甲無處分權，然丙取得MP3 Player之所有權。而民法所規範之動產物權的善意取得，不限於動產所有權之善意取得，其亦包含動產質權之善意取得（民法第886條）與動產留置權之善意取得（民法第928條第2項）。

---

[42] 民法第948條第1項規定：以動產所有權或其他物權之移轉或設定為目的，而善意受讓該動產之占有者，縱其讓與人無讓與之權利，其占有仍受法律之保護。但受讓人明知或因重大過失而不知讓與人無讓與之權利者，不在此限。

貳、構成要件

一、標的物須為動產

　　動產所有權善意取得之要件有六：(一)讓與之標的物為動產。(二)讓與人與受讓人間有移轉動產所有權之合意。(三)讓與人已將標的物之占有移轉與受讓人。(四)讓與人無移轉所有權之權利。(五)受讓人係善意受讓動產之占有，倘動產占有之受讓，屬民法第761條第2項之占有改定者，受讓人受現實交付與占有改定交付時均為善意。(六)受讓人非明知或無重大過失而不知讓與人無讓與之權利（民法第801條、第948條）。因不動產有登記制度，交易上不至誤信占有人為有處分權人而受讓之，故善意受讓應以動產為限。船舶或航空器雖為動產，惟其所有權之移轉，須辦理登記（海商法第9條；民用航空法第20條），均不適用善意受讓之規定。而票據之善意取得，票據法另有規範，亦不適用善意受讓（票據法第14條）。

二、取得人須善意受讓動產之占有

　　因善意受讓之目的，在於保護交易安全。故受讓動產之占有，須基於善意。所謂善意者，係指取得人不知讓與人無處分權。否則明知而受讓動產，是為惡意者，法律自不予以保護。因占有之態樣，係推定占有人係以所有之意思為善意占有，故否定受讓人為善意者，應負舉證責任（民法第944條第1項）。

三、讓與人為無處分權之占有人

　　讓與人須為無處分權人，即非所有人或法律上無處分權之人。倘有處分權，其得依據動產物權之讓與方法，移轉動產之所有權（民法第761條）。而該讓與人必須為占有人，受讓人得自占有之公信力，信賴讓與人有處分權。

四、須基於法律行為而受讓動產所有權

　　動產所有權之移轉須基於法律行為，當事人間須有物權行為之存在，

即物權變動之合意與標的物之交付。至於其原因行為究為買賣、贈與、互易或消費借貸，在所不問。故非基於法律行為而受讓動產所有權，則不適用善意取得之規定。

參、法律效果

因善意受讓而取得動產所有權，其效果係基於法律所規定，並非由讓與行為而來，故屬原始取得，原先存在該動產之其他權利，均歸於消滅。既然取得所有權之效果為法律所定，自無不當得利之問題。例如，甲向乙承租A機器，甲虛稱其為A機器之所有人，而將A機器出賣與不知情之丙，甲雖無所有權或處分權，惟丙為善意第三人，仍取得A機器之所有權，乙對A機器之所有權歸於消滅，乙不得請求丙返還A機器，僅能向甲請求損害賠償。

肆、例題解析—動產所有權之善意受讓

甲向乙承租A鑽戒一枚，甲非A鑽戒之所有權人，將A鑽戒出賣與丙，甲丙間有買賣A鑽戒之合意，然甲無移轉所有權之權利，丙亦不知A鑽戒非甲所有而加以買受占有，故符合動產所有權善意取得之要件。因此，丙已原始取得A鑽戒之所有權，原所有權人乙不得請求丙返還A鑽戒。

【習題18】

甲受乙之脅迫，以低於市價出售B車與丙，嗣後甲依法撤銷買賣契約與物權移轉，乙竟將該B車轉賣予不知情之丙，並已完成交付占有，試問何人為B車之所有權人？
丙受讓B車時為善意，而乙為無處分權人，故丙依善意受讓之規定取得B車所有權。

【習題19】

試說明動產善意受讓之定義與構成要件。

善意受讓之定義，係指動產讓與人與受讓人間，以移轉動產所有權為目的，由讓與人將動產交付與受讓人，受讓人於受讓動產之占有時，善意不知讓與人對該動產無處分權，縱讓與人無移轉所有權之權利，受讓人仍取得其所有權。再者，其構成要件如後：(一)標的物須為動產。(二)取得人須善意受讓動產之占有。(三)讓與人為無處分權之占有人。(四)須基於法律行為而受讓動產所有權。(五)受讓人非明知或無重大過失而不知讓與人無讓與之權利。

第二項　先　占

本項目標在使研讀者瞭解先占之定義、構成要件及其法律效果。

例題20

甲將其破舊之沙發拋棄於路邊，甲之友人乙看見該沙發尚屬堪用，遂將該沙發帶回家中整理，並置於客廳使用。某日甲至乙家拜訪，認得該沙發為其所丟棄者。試問甲請求乙返還之，是否有理？

壹、先占之定義

所謂先占者，係指以所有之意思，占有無主（no owner）之動產者，除法令另有規定外，取得其所有權（民法第802條）。例如，狩獵或捕魚。先占取得無主物動產之所有權，並非基於占有人之效果意思而來，係依據法律規定取得，其性質為事實行為，並非法律行為，先占人有無行為能力，在所不問。

貳、構成要件

一、須為無主物

先占之標的物為無主物。所謂無主物，係指現在不屬於任何人之物。至於過去是否為何人所有，則非所問，先占人於主觀無須認識其物是否無主。蓋動產經所有人拋棄，即得成為無主物。拋棄雖係單獨行為，然必須具備行為能力，始為有效。故限制行為能力人未得法定代理人之允許，所為之拋棄物權行為，應屬無效，自無法成為先占之標的物（民法第78條）。

二、須為動產

先占之標的物為動產，不動產無法成為先占之標的物（民法第66條第2項）。故不動產縱使經拋棄，無法以先占之方式取得所有權。例如，中華民國領域之土地，屬於中華民國人民全體，其經人民依法取得所有權者，為私有土地。私有土地所有權消滅者，為國有土地（土地法第10條）。

三、以所有之意思占有

所謂所有之意思，係指事實上欲與所有人同一支配地位之意思，並非謂取得所有權之意思。此之占有並不限自己占有，亦得經由占有輔助人占有。例如，僱用他人捕魚。

四、須無法律禁止規定或他人之先占權

不得為所有權客體之不融通物，不得作為先占之標的。舉例說明如後：(一)發見具古物價值之無主物，應即通知所在地直轄市、縣（市）主管機關，採取維護措施，不得為先占之標的（文化資產保存法第74條）。(二)土地中之礦物，屬於國家所有，不得為先占之標的（礦物法第1條）。

參、法律效果

具備先占之要件時，先占人即取得該動產之所有權，此取得動產所有權之事實，為原始取得。例如，路邊之廢棄車輛，依客觀事實得認定為無主物者，該廢舊不堪使用之車輛，長久停放於公共巷道，經通知車主處理而逾期未處理，依客觀事實可認車主有拋棄之意思者，就一般情形而論，該物為無主物。其經環保機關代表國家或其他公法人先占者，由國家或其他公法人取得所有權。

肆、例題解析─先占之法律效果

以所有之意思，占有無主之動產者，取得其所有權（民法第802條）。甲將其破舊之沙發拋棄於路邊，應認為甲已拋棄該沙發而為無主之狀態，得為先占之標的物。乙將該沙發帶回家中使用，係以所有之意思，占有該無主之沙發，乙取得所有權。準此，甲不得以所有權人之身分，請求乙返還該沙發。

【習題20】

甲至山中打獵，將野生山豬追趕至其所設之陷阱內，試問甲有無占有該山豬之事實？

野生山豬非任何人所有之物，得依據先占之方式，原始取得所有權。甲將野生山豬追趕至其所設之陷阱內，其已占有該山豬。

第三項　遺失物之拾得

本項目標在使研讀者瞭解遺失物之定義、拾得人之義務、拾得人之權利及漂流物或沉沒品之拾得的準用。

例題21

甲遺失其所簽發之面額新臺幣（下同）30萬元支票一紙，經向付款銀行聲請止付，並依法辦理公示催告，在未請求法院為除權判決前，該支票為乙拾獲。試問乙得否向甲請求報酬？理由為何？

壹、遺失物之定義

所謂遺失物（lost property）之拾得，係指發現他人之遺失物而占有。所謂遺失物者，係指非基於原權利人之意思，而喪失其占有。而拾得係發現與占有兩者結合之行為，倘僅發現而未占有者，即不得稱為拾得。遺失物必為有主物，其標的限於動產。因拾得遺失物屬於事實行為，並非法律行為，故無行為能力之人，亦得為遺失物拾得人。拾得他人遺失物，係未受委託，並無義務為他人管理事務，故無因管理之規定，在遺失物之管理自得適用之。

貳、拾得人之義務

一、通知或報告義務

拾得遺失物者應從速通知遺失人、所有人、其他有受領權之人或報告警察、自治機關。倘於機關、學校、團體或其他公共場所拾得者，得報告於各該場所之管理機關、團體或其負責人、管理人（民法第803條第1項）。

二、交付義務

（一）招領之揭示

拾得遺失物者報告警察、自治機關或機關、學校、團體或其他公共場

所之管理機關、團體或其負責人、管理人，應將其物交存（民法第803條第1項）。前開受報告者，應從速於遺失物拾得地或其他適當處所，以公告、廣播或其他適當方法招領之（第2項）。所謂招領之揭示，係指凡可達招領之目的者。例如，以登報、刊登公告使不特定之多數人知悉之方式，均無不可。

（二）交存於警察或自治機關

依第803條第1項為通知或依第2項由公共場所之管理機關、團體或其負責人、管理人為招領後，有受領權之人未於相當期間認領時，拾得人或招領人應將拾得物交存於警察或自治機關（民法第804條第1項）。警察或自治機關認原招領之處所或方法不適當時，得再為招領之（第2項）。所謂相當期間，係指依客觀情形，足認所有人得以知悉該招領之內容並為認領意思表示所必要之時間。此時間就具體個案而言，得依招領內容與客觀環境等條件之不同而有差異。再者，拾得物有易於腐壞之性質或其保管需費過鉅者，招領人、警察或自治機關得為拍賣或逕以市價變賣之，而保管其價金（民法第806條）。

三、保管義務

拾得人係未受委任，並無義務，而為他人管理遺失物，其居於無因管理人之地位，應盡善良管理人之注意義務，其管理應依本人明示或可得推知之意思，以有利於本人之方法為之（民法第172條）。未盡保管義務，致拾得物有所損害時，應負賠償之責。

四、返還義務

遺失物自通知或最後招領之日起6個月內，有受領權之人認領時，拾得人、招領人、警察或自治機關，於通知、招領及保管之費用受償後，應將其物返還之（民法第805條第1項）。通知、招領及保管費應以保存遺失物之必要支出者為限。例如，登報費、遺失動物之飼養費用、貴重物品寄存於銀行保管箱費等。

參、拾得人之權利

一、費用償還請求權

　　拾得人、招領人、警察或自治機關，對於認領遺失物之所有人，有請求其償通知、招領及保管費之權利，拾得人於所有人未清償上述費用前，對遺失物有留置權（民法第805條第4項）。

二、報酬請求權

（一）原　則

　　有受領權之人認領遺失物時，拾得人得請求未逾其物財產上價值1/10，倘不具有財產價值者，拾得人亦得請求相當之報酬。有受領權人給付報酬顯失公平者，得請求法院減少或免除其報酬（民法第805條第2項）。拾得人之報酬請求權，因6個月間不行使而消滅（第3項）。得請求報酬之拾得人，在其報酬未受清償前，就該遺失物有留置權；其權利人有數人時，遺失物占有人視為為全體權利人占有（第4項）。

（二）例　外

　　拾得人有如後情形者，不得請求報酬：1.在公眾得出入之場所或供公眾往來之交通設備內，由其管理人或受僱人拾得遺失物。2.拾得人未於7日內通知、報告或交存拾得物，或經查詢仍隱匿其拾得遺失物之事實。3.有受領權之人為特殊境遇家庭、低收入戶、中低收入戶、依法接受急難救助、災害救助，或有其他急迫情事者（民法第805條之1）。例如，計程車以載客為業，為民法之旅客運送，係供公眾往來之交通設備，倘計程車乘客未將其行李交託計程車司機，下車後遺忘於車上為司機拾獲，該司機不得依民法第805條第2項規定，請求拾報酬。

三、取得所有權或拍賣價金

　　遺失物自通知或最後招領之日起逾6個月，未經有受領權之人認領者，由拾得人取得其所有權。警察或自治機關並應通知其領取遺失物或賣

得之價金。其不能通知者，應公告之（民法第807條第1項）。拾得人於受前項通知或公告後3個月內未領取者，其物或賣得之價金歸屬於保管地之地方自治團體（第2項）。公務員因公拾得之遺失物，應認其所屬機關為拾得人，如公告6個月後，無人認領，應將其物歸入國庫，仍不能交與拾得之公務員歸其所有。同理，民營客運公司之司機為公司之使用人，其於執行業務時，在車上所撿獲之現款，視為公司拾得，經公告後逾6個月無人認領，應歸該公司所有。

肆、遺失物之簡易招領程序

遺失物價值在新臺幣5百元以下者，拾得人應從速通知遺失人、所有人或其他有受領權之人。其有第803條第1項但書之情形者，即於機關、學校、團體或其他場所時拾得，得依該條第1項但書及第2項規定辦理（民法第807條之1第1項）。前開遺失物於下列期間未經有受領權之人認領者，由拾得人取得其所有權或變賣之價金：(一)自通知或招領之日起逾15日。(二)不能依前開規定辦理，自拾得日起逾1個月（第2項）。第805條至第807條規定，於前2項情形準用之（第3項）。

伍、拾得漂流物或沉沒品者

拾得漂流物、沈沒物或其他因自然力而脫離他人占有之物者，準用關於拾得遺失物之規定（民法第810條）。所謂漂流物（float article），係指水上之遺失物及因水流至水邊之遺失物，權利人喪失其占有之動產。所謂沉沒品（sunken article），係指由水面沈入水底之物，權利人喪失其占有之動產。例如，颱風過後，倒木浮於溪面，該林木為漂流物；而古代船舶沉入海底，其屬沉沒品。

陸、例題解析—遺失物拾得人之權利

　　有受領權人認領遺失物,拾得人得請求報酬,其報酬不得逾其物財產上價值1/10報酬(民法第805條第2項)。如有受領權人不予認領或拋棄其物,拾得人自無請求報酬之餘地。得依背書轉讓之證券,遺失人得依民事訴訟法第八編公示催告程序之規定。聲請法院以公示方法,催告權利人,應於一定期間內申報權利,倘不申報,即生失權之效果。甲遺失面額新臺幣(下同)30萬元之支票一紙,經依法辦理公示催告,在尚未除權判決前,該支票為庚拾獲,甲聲請公示催告應可認係認領且無拋棄其物之意思。支票係有價證券,乙所拾獲之支票,尚未經法院除權判決,自屬有效之支票,如乙依法申報,即可向甲請求報酬,報酬不得逾該支票面額1/10即3萬元[43]。

【習題21】

乙拾獲甲之手機,未經通知或招領之程序,其是否得取得該手機之所有權?

乙拾獲甲之手機,未經通知或招領之程序,乙無法於通知或最後招領之日起逾6個月後取得所有(民法第807條第1項)。僅得依據時效取得動產所有權(民法第768條、第768條之1)。

【習題22】

遺失物拾得人之權利義務為何?試說明之。

拾得人之義務有:(一)通知或報告義務。(二)交付義務。(三)保管義務。(四)返還義務。拾得人之權利有:(一)費用償還請求權。(二)報酬請求權。(三)取得所有權或拍賣價金。

---

[43] 司法院(74)廳民1字第118號函,發文日期1985年2月25日,民事法律問題研究彙編,4輯,頁138。

第四項　埋藏物之發現

本項目標在使研讀者瞭解埋藏物之定義、構成要件及其法律效果。

例題22

甲生前將其所有之100公斤黃金埋於庭院地下，並將該埋藏黃金之情事告知其子乙，此事被鄰居丙得知，甲逝世後，丙潛入該庭院挖取黃金。試問丙有無取得該黃金之所有權？理由為何？

壹、埋藏物之定義

所謂埋藏物（treasure-trove），係指埋藏於其他動產或不動產之中，而其所有人不明之動產。發現埋藏物為事實行為，而非法律行為，無行為能力人亦得為發現人，此與無主物先占或遺失物之拾得相同。

貳、構成要件

埋藏物應以動產為限，其為他人之有主物，且客觀上不易辨識為何人所有。發現者除知悉物之所在外，發現後必須加以占有，始得取得所有權，採發現人取得所有權主義。

參、法律效果

發現埋藏物而占有，即時取得所有權，此為原始取得。詳言之，發現埋藏物而占有者，取得其所有權。但埋藏物係在他人所有之動產或不動產中發見者，該動產或不動產之所有人與發現人，各取得埋藏物之半（民法第808條）。例如，承攬人於定作人之土地興建房屋，其於興建過程中所挖出之新臺幣（下同）10萬元，承攬人及定作人各取得5萬元。原則上發

現埋藏物之人，取得該物之所有權。例外情形，發現之埋藏物足供學術、藝術、考古或歷史之資料者，其所有權之歸屬，依特別法之規定（民法第809條）。例如，依據文化資產保存法第74條規定，埋藏地下之無主古物，均歸國家所有。所謂古物者，係指各時代、各族群經人為加工具有文化意義之藝術作品、生活及儀禮器物及圖書文獻等（文化資產保存法第3條第6款）。

肆、例題解析─埋藏物之定義

所謂埋藏物，係指埋藏於其他動產或不動產之中，而其所有人不明之動產。甲生前將其所有之100公斤黃金埋於庭院地下，該埋藏黃金之情事為其子乙所知悉，非屬埋藏物，故丙潛入該庭院挖取黃金，無法依據埋藏物之發現而取得所有權。

【習題23】

甲僱用乙建屋，乙於挖掘地基時，發現地下財物，試問何人為發現人？
乙並非受甲之指示，專門從事挖掘埋藏物之工作，故乙因建屋之故，從事挖掘地基之工作時，而發現地下財物，依據一般社會觀念，乙為發現人。

第五項　添　附

本項目標在使研讀者瞭解添附之定義、添附之類型及法律效果。添附之類型有附合、混合及加工。

例題23

辛欲粉刷其所有之B屋，竟趁深夜潛入癸所經營之油漆行，偷竊油漆，並將竊取所得之油漆，全數漆於B屋。試問癸得否請求辛返還其遭竊取之油漆？理由為何？

壹、添附之定義

所謂添附者，係指因物與他物相結合，或因勞力與他人之物相結合之謂。添附之類型有附合、混合及加工三種法律事實，是動產所有權變動之原因之一，基於添附而取得動產所有權，係因法律規定，並非法律行為，此種取得為原始取得動產所有權。

貳、添附之類型

一、附　合

附合係指二個以上之物互相結合，而成為一個物。其有二種類型：(一)動產與不動產附合。(二)動產與動產附合。不論係何種態樣之附合，互相結合之物，須不屬同一人所有。茲分述說明如後：

（一）動產與不動產附合

動產因附合（attach）而為不動產之重要成分者，不動產所有人，取得動產所有權（民法第811條）。例如，甲對乙之房屋加以裝修，其所購買之磚、瓦及塑膠板等建材，附合於乙之不動產而成為該不動產之成分，並無單獨所有權存在。所謂重要成分（important component part），係指兩物結合後，非經毀損或變更其物之性質，不能分離者。故重要成分不得獨立為物權之客體，以防止經濟上價值之減損。是否屬重要成分，應依社會經濟觀念認定之。例如，以油漆粉刷於牆壁上或於他人土地種植果樹。

（二）動產與動產附合

動產與他人之動產附合，非毀損不能分離，或分離需費過鉅者，各動產所有人，按其動產附合時之價值，共有合成物（民法第812條第1項）。其目的旨在使附合後之合成物，能繼續存在，避免因回復原狀而遭受破壞，以維護社會整體之經濟利益與所有人之權益。是動產與動產因附合之結果，依上開規定，發生動產所有權變動之法律效果。而是否達非毀損不

能分離，或分離需費過鉅之程度，不能僅根據物理上之觀察決定之，倘分離之結果，影響其經濟之價值甚鉅者，亦足當之，自應依客觀情形及一般交易習慣認定之[44]。例如，甲與乙各以等量之硬紙板合成為一紙箱。再者，附合之動產，有可視為主物者（principal thing），該主物所有人，取得合成物之所有權（第2項）。例如，甲將自己之油漆塗於乙車上，依據社會之觀念，乙車可視為主物，上漆後之汽車仍由乙取得所有權。

二、混　合

所謂混合者（mix），係指不同所有人之動產，互相混合成為一物，不能識別，或識別需費過鉅者。各動產所有人，按其動產混合時之價值，共有合成物（民法第813條、第812條第1項）。例如，甲之綠豆與乙之紅豆混成一袋豆類，甲與乙共有該袋豆類；或者丙之黃與丁之綠漆混合藍漆，丙與丁共有該藍漆。混合之動產，有可視為主物者，該主物所有人，取得合成物之所有權（民法第813條、第812條第2項）。例如，丙之糖與丁之咖啡混合，咖啡得視為主物，由丁取得合成物之所有權。

三、加　工

所謂加工者（contribute work），係指加工作於他人之動產成為新物，此為勞力與材料之結合，屬事實行為。所謂新物，應依社會經濟觀念認定。例如，紡棉為布或雕刻木頭為神像。加工於他人之動產者，其加工物之所有權，原則上屬於材料所有人（民法第814條本文）。例外情形，係加工所增之價值顯逾材料之價值者，加工物之所有權屬於加工人（contributing person）（但書）。舉例說明如後：(一)甲對乙之布料加以加工而做成衣服，布料之價值為新臺幣（下同）1萬元，加工後之衣服價值3萬元。因加工所增之價值顯逾材料之價值者，該衣服所有權屬於加工人甲取得。(二)丙為著名之木雕家，其雕刻丁之所有原木成為關公像，價值自10

---

[44] 最高法院102年度台上字第70號民事判決。

萬元增加至50萬元，故關公像之所有權歸屬丙所有。

參、法律效果

　　添附之立法目的，在於鼓勵經濟價值之創造，並避免回復原狀，以維護社會之經濟。故民法規定添附物之所有權歸由當事人中一人取得，係純基於法律技術之便宜措施，並非實質上賦予終局之利益。準此，因添附導致動產之所有權消滅者，該動產上之其他權利，亦同消滅（民法第815條）。例如，存於該動產之質權或使用借貸均消滅等。再者，為衡平取得權利者與喪失權利者之利益，因添附而喪失權利，致受有損害者，得依關於不當得利（unjust enrichment）規定，請求償還價額（民法第816條），以維持公平。例如，甲誤取乙之肥料施於丙之土地，丙因乙肥料附合其土地而取得所有權，乙因附合喪失對肥料權利而受之損害，雖得向因此而受益之某丙，依據不當得利之法律效果請求償還價額。然丙得主張所受利益不存在，類推適用民法第182條第1項之不負返還責任，乙僅得依民法第184條第1項前段，向甲主張侵權行為之損害賠償。

肆、例題解析——動產與不動產附合

　　動產因附合而為不動產之重要成分者，不動產所有人，取得動產所有權（民法第811條）。因辛深夜潛入癸所經營之油漆行，偷竊油漆，並將竊取所得之油漆粉刷於其所有B屋，屬動產之油漆附合為屬不動產之B屋，已成為B屋之重要成分，癸喪失油漆之所有權。癸因添附而喪失油漆之所有權而受損害者，得依關於不當得利之規定，向辛請求償還價額（民法第816條）；或向辛請求侵權行為之損害賠償（民法第184條第1項前段）。

【習題24】

甲將乙之名貴鑽石鑲於其所有的金戒指上，試問有何人取得該合成之所有權？

依據一般交易觀念，甲將乙之名貴鑽石鑲於其所有的金戒指上，非屬加工之性質，該附合之名貴鑽石，應視為主物，由乙取得合成物之所有權（民法第812條第2項）。

第四節　共　有

　　本節目標在使研讀者瞭解共有之定義與類型、分別共有之定義、分別共有之內部關係與外部關係、共有物分割、公同共有及準共有。茲表列共有類型之區別如後：

種　類	標　的	性　質	態　樣	權　能	法條依據
分別共有	所有權	個人性較強	有應有部分	得自由處分應有部分，以自由分割為原則。	民法第817條
公同共有	所有權	團體性較強	無應有部分	處分共有物應全體同意，於公同關係存續中，不得請求分割。	民法第827條
準共有	所有權以外財產權			依其性質準用分別共有或公同共有。	民法第831條

第一項　概　說

　　本項目標在使研讀者瞭解共有之定義與共有之類型。

例題24

　　甲、乙及丙共同完成文學著作，其各人之創作，無法分離利用，渠等亦未約定其權利之比例，詎該著作被丁非法重製，導致損失新臺幣60萬元。試問著作權人如何向丁請求賠償？依據為何？

壹、共有之定義

　　所謂共有者（co-ownership），係指一物之所有權由數人共同享有之謂。共有發生之原因有基於當事人意思。例如，數人依據契約共同買受一物。有由於法律規定。例如，合夥財產為合夥人全體之公同共有（民法第668條）。

貳、共有之類型

　　民法之共有類型有三：分別共有、公同共有及準共有。狹義共有專指分別共有而言。廣義共有包含公同共有。準共有則依據其性質，準用分別共有或公同共有。

參、例題解析—就共有物本於所有權之請求

　　二人以上共同完成之著作，其各人之創作，不能分離利用者，為共同著作，此為準共有關係（著作權法第8條）。公同共有之成立有依法律規定、習慣或法律行為（民法第827條第1項）。著作權法未規定數人合作之著作，其著作權應為公同共有。是數人合作之著作，其著作權歸各著作人分別共有（著作權法第40條）。甲、乙及丙共同創作文學著作，未約定其權利之比例，依據民法第831條、第817條第2項規定，各人之應有部分推

定為均等,即各1/3。再者,民法第821條所謂本於所有權之請求權,係指民法第767條所規定之物權的請求權而言。至於債權請求權部分,則回歸債編之請求權基礎主張,丁非法重製著作,其應負侵權行為之損害賠償責任,性質上非本於所有權之請求,無庸為共有人全體之利益為之(民法第821條)。準此,甲、乙及丙各得於其應有權利之比例,請求丁給付新臺幣20萬元(計算式:60萬元×1/3)。

【習題25】

試問發生共有之原因?

發生共有之原因有:法律行為、法律規定及習慣等三種態樣。

【習題26】

試問分鬮書為分管契約或分割遺產協議?

分鬮書為分割遺產之協議,其性質與分管契約不同。倘分鬮書未經全體繼承人簽署,即不生協議分割之效力。而分鬮書為債權契約,並非處分行為,不適用民法第118條之規定[45]。再者,臺灣在日據時期,以鬮分方式分析家產,意在消滅共有關係,應具協議分割效力。而依當時日本民法第176條規定,物權之取得於雙方當事人意思表示一致時,即生物權移轉之效力,不以登記為生效要件。故鬮分之當事人於鬮分有效分割完畢時,各就其應得部分已成為單獨所有人,縱使於光復後土地登記簿仍為共有之登記,不符真實情形,僅生相互間得否請求對方將自己應得部分移轉與己之問題,不得更為裁判分割之請求[46]。

第二項　分別共有

　　本項目標在使研讀者瞭解共有之定義與類型、分別共有之定義、分有

---

[45] 最高法院99年度台上字第946號民事判決。
[46] 最高法院98年度台上字第2332號民事判決。

共有之效力、共有物分割。其中共有性質之區分與共有物之使用、收益、處分及共有物分割,為本項探討之重心所在。

例題25

甲、乙及丙等人共有A土地,甲未經其他共有人之同意,擅自於全部或其中特定部分土地上,建屋使用之,試問共有人乙或丙應如何主張權利?

例題26

丁、戊分別共有B土地,其應有部分各為1/2,丁未經戊之同意,逕自將B土地出租與他人,並收取租金新臺幣100萬元,試問戊是否得向丁請求半數之租金?

例題27

己與庚分別共有C土地,其應有部分各為1/2,己以其應有部分為他人設定抵押權,嗣後C土地協議分割成D與E土地,D土地分歸予己,E土地分歸予庚,試問抵押權之範圍是否及於E土地?

壹、分別共有之定義

所謂分別共有,係指數人按其應有部分(proportion)而共同享有一物之所有權之謂(民法第817條第1項),此為分別共有之重要特徵。各共有人之應有部分不明者,推定其為均等(第2項)。所謂應有部分或稱持分,係指一個所有權幾分之幾之意,其為共有人對共有物所有權所得行使

權利之比例[47]，係抽象計算之權利比例，而非該物具體之某部分，其抽象存在於共有物之任何部分，並非侷限於共有物之特定部分，其為所有權之量的分割，並非所有權之質的分割。例如，甲、乙及丙共有A土地，約定應有部分各為5/10、3/10及2/10。

貳、共有之內部關係

一、共有物之使用收益

（一）按應有部分對於共有物之全部

各共有人，除契約另有約定外，按其應有部分，對於共有物之全部，有使用收益之權（民法第818條）。例如，甲、乙及丙共有A土地，應有部分各為5/10、3/10及2/10，依據應有部分比例，甲、乙及丙得使用收益之日數，依序為5日、3日及2日。因共有人對共有物之特定部分使用收益，仍須徵得他共有人全體之同意，倘共有人不顧他共有人之利益，而就共有物之全部或一部任意使用收益，即屬侵害他共有人之權利[48]。他共有人就超過部分，得本於所有權請求除去妨害，或請求向全體共有人返還該部分。有不當得利或侵權行為之情事，他共有人有不當得利請求權或侵權行為之損害賠償請求權。

（二）不當得利請求權

共有人未經其他共有人全體之同意，擅自出租共有物予第三人，收取租金而獲取利益，其為無法律上之原因而獲得相當於租金之利益，致他人受損害時，他共有人得主張返還利益，該租金請求權因5年不行使而消滅（民法第126條）[49]。

---

[47] 最高法院57年台上字第2387號民事判例。

[48] 最高法院62年台上字第1803號民事判例。

[49] 最高法院49年台上字第1730號民事判例；最高法院97年度台上字第1790號民事判決。

二、應有部分之處分

(一)共有人優先購買權

　　各共有人，得自由處分（dispose）其應有部分（民法第819條第1項）。所謂處分包括法律上處分及事實上處分。例如，共有人得將應有部分讓與第三人或設定抵押權[50]。再者，共有人出賣土地或建築物之應有部分予非共有人時，他共有人得以同一價格共同或單獨優先承購，本項優先購買權僅有債之效力（土地法第34條之1第4項）[51]。比較基地出賣時，地上權人、典權人或承租人有依同樣條件優先購買之權。房屋出賣時，基地所有權人有依同樣條件優先購買之權（土地法第104條）。耕地出賣或出典時，承租人有優先承受之權（耕地三七五減租條例第15條）。後者具有物權效力，兩者顯有不同[52]。

(二)土地法第34條之1第4項

　　土地法第34條之1第4項規定共有人出賣應有部分時，他共有人得以同一價格共同或單獨優先承購，其立法意旨在於簡化共有關係。例如，被繼承人與繼承人原先分別共有1筆土地。被繼承人之債權人就該筆土地被繼承人之應有部分聲請強制執行並經拍定，作為共有人之繼承人得主張優先承買權[53]。反之，共有人間互為買賣應有部分時，則無上開規定適用之餘地[54]。再者。土地法第34條之1第4項規定之優先承購權，係指他共有人於共有人出賣共有土地之應有部分時，對於該共有人有請求以同樣條件訂立買賣契約之權，故出賣之共有人與他人所訂契約或他人承諾之一切條件，優先承購權人必須均接受之，始有合法行使優先承購權可言。倘有部分不

---

[50] 大法官會議第141號解釋。
[51] 最高法院72年度台抗字第94號民事裁定。
[52] 最高法院65年台上字第853號、66年台上字第1530號民事判例。
[53] 最高法院第98年度台抗字第1001號民事裁定。
[54] 最高法院第99年度台上字第1791號民事判決。

接受或擅加予變更買賣條件時，即非合法行使優先承購權[55]。

三、共有物之處分

共有物之處分、變更及設定負擔，應得共有人全體之同意（民法第819條第2項）。所謂變更者，係指變更共有物之用途。所謂設定負擔者，係指設定其他物權。因土地法第34條之1第1項有特別規定，共有土地或建築改良物，其處分、變更及設定地上權、農育權、不動產役權或典權，得以共有人過半數及其應有部分合計過半數同意行之，如應有部分合計逾2/3者，其人數不予計算，非必須共有人全體同意。因土地法就共有關係之規定，其屬特別法之性質，應優先民法第819條第2項之適用。

四、共有物之管理

（一）同意方式

1. 共有人人數及應有部分

共有物之管理，除契約另有約定外，應以共有人過半數及其應有部分合計過半數之同意行之。但其應有部分合計逾2/3者，其人數不予計算（民法第820條第1項）。依前開項規定之管理顯失公平者，不同意之共有人得聲請法院以裁定變更之（第2項）。前2項所定之管理，因情事變更難以繼續時，法院得因任何共有人之聲請，以裁定變更之（第3項）。共有人依第1項規定為管理之決定，有故意或重大過失，致共有人受損害者，對不同意之共有人連帶負賠償責任（第4項）。

2. 物權效力

不動產共有人間關於共有物管理依第820條第1項規定所為之決定，經登記後，對於應有部分之受讓人或取得物權之人，具有效力。其由法院裁定所定之管理，經登記後，亦同（民法第826條之1第1項）。動產共有人間就共有物為前項之約定、決定或法院所為之裁定，對於應有部分之受讓

---

[55] 最高法院第98年度台上字第1285號民事判決。

人或取得物權之人，以受讓或取得時知悉其情事或可得而知者為限，亦具有效力（第2項）。共有物應有部分讓與時，受讓人對讓與人就共有物因使用、管理或其他情形所生之負擔連帶負清償責任（第3項）。

（二）利用行為

共有物之管理，係指共有人間決定如何利用、保存及改良共有物等行為而言。其中利用行為係最典型之管理行為，係滿足共有人共同需要為目的，不變更共有物之性質，以決定使用收益方法之行為。例如，共有物之出借或出租，係常見之利用行為，係管理權能之一部，共有土地出租或出借為管理行為。

（三）簡易修繕及保存行為

共有物之簡易修繕及其他保存行為，得由各共有人單獨為之（民法第820條第5項）。所謂保存行為，係指對共有物物質上之保全及權利上之保全之行為而言。其目的在於防止共有物之滅失、毀損或權利喪失、限制等維持現狀之行為。

（四）分管契約

1. 物權效力

所謂分管契約者，係指共有人間約定各自分別占有共有物之特定部分而為管理之契約。故共有人全體就共有物之全部劃定範圍，得約定各自使用特定之共有物，共有人於分管範圍，對於共有物有使用、收益之權，其為有權占有，共有人亦得將自己分管範圍，同意他人使用收益者，毋庸經其他共有人之同意。共有人間訂立分管契約，其屬共有物之管理行為。分管契約具有物權之效力，嗣後共有人應有部分讓與第三人或分割共有物，對於知悉之受讓人仍繼續存在[56]。

2. 默示分管契約

共有物分管之約定，不以訂立書面為要件，倘共有人間實際上劃定使

---

[56] 大法官釋字第349號解釋。

用範圍，對各自占有管領之部分，長年互相容忍，對於他共有人使用、收益，各自占有之土地，未予干涉，即得認有默示分管契約之存在。例如，建物之攤位間無明確之隔離，且未辦理區分所有之單獨所有權登記，並無所有權客體之型態現實化與具體化表現於外部，性質上係分管而非區分所有，故共有人出賣建物及土地，其他共有人自得主張優先承買權[57]。

3. 終止分管契約

共有人請求分割共有物，應解為有終止分管契約之意思。是系爭土地之分管契約，已因共有人提起本件分割共有物訴訟，而當然終止。故判決分割共有土地時，並非必須完全依分管契約以為分割，而應斟酌土地之經濟上價值，並求各共有人分得土地之價值相當，利於使用，以定分割方法[58]。

五、共有物之費用負擔

共有物之管理費及其他擔負，除契約另有訂定外，應由各共有人，按其應有部分分擔之（民法第822條第1項）。共有人中之一人，就共有物之擔負為支付，而逾其所應分擔之部分者，對於其他共有人，得按其各應分擔之部分，請求償還（第2項）。例如，甲、乙共有A土地，應有部分相同，甲支付全部之地價稅新臺幣1萬元，其得向乙求償半數金額。

六、建築物區分所有與共有分管之區別

建築物區分所有與分管之區別，在於前者係數人區分一建築物而各有專有部分，就專有部分有單獨所有權，並就該建築物及其附屬物之共同部分共有。基於所有權標的物獨立性之原則，其專有部分須具有構造上及使用上之獨立性，並以所有權客體之型態表現於外部。構造上之獨立性應具有與建築物其他部分或外界明確隔離之構造物存在。後者係建築物共有

---

[57] 最高法院99年度台上字第1150號民事判決。
[58] 最高法院96年度台上字第977號民事判決。

人，就該共有建築物之使用、收益或管理方法所作之約定。前者因並非共有之狀態，故無土地法第34條之1規定之適用，後者因不失共有之本質，自有上開規定之適用。

參、外部關係

一、對於第三人之權利

　　各共有人對於第三人，得就共有物之全部為本於所有權之請求。但回復共有物之請求，僅得為共有人全體之利益為之（民法第821條）。所謂利益，係指客觀之法律上利益而言，不問共有人主觀上有無行使回復共有物請求權之意思。本於所有權所生之請求，包括基於所有權所生之物上請求權，係指民法第767條第1項所規定之物權請求權及不動產因相鄰關係所生之權利，並不包含相關之債權請求權。例如，不當得利、侵權行為所生之請求權[59]。此項請求權，毋庸由共有人全體共同行使，而得由共有人中之一人單獨提起返還共有物之訴，聲明請求命被告向共有人全體返還共有物之判決即可，不得請求僅向自己請求返還，否則，法院應將其訴駁回。

二、對於第三人之義務

　　因共有物而生之對於第三人義務，應視義務性質論斷共有人之責任。詳言之，義務性質可分者，各共有人各按其應有部分對第三人負責，如償還第三人對於共有物之修繕費用。倘義務不可分者，則各分別共有人對於第三人應負連帶責任，如損害賠償回復原狀[60]。

---

[59] 最高法院94年度台上字第668號民事判決。
[60] 鄭玉波，民法物權，三民書局股份有限公司，1989年2月，修訂13版，頁124。

肆、分別共有物之分割

一、分割自由原則與例外

所謂共有物分割（partition）自由原則，係指共有人得隨時請求分割共有物（民法第823條第1項本文）。例外情形如後：(一)因物之使用目的不能分割者（第1項但書）。例如，共有道路[61]、界牆、區分所有建物之共同部分（民法第799條）。該等部分准予分割，則有背共有之目的，對於當事人不利。(二)契約訂有不分割之期限者，所定不分割期限不得逾5年，逾5年者，縮短為5年（民法第823條第2項本文）。但共有之不動產，其契約訂有管理之約定時，約定不分割之期限，不得逾30年；逾30年者，縮短為30年（第2項但書）。此特約對知悉或可得而知之分別共有人的特定繼承人，亦有效力。尤其分管契約對於知悉之受讓人仍繼續存在。共有人雖約定不分割期限，然有重大事由，共有人仍得隨時請求分割（第3項）。

二、共有物分割請求權之性質

共有物分割請求權為分割共有物之權利，非請求他共有人同為分割行為之權利，其性質為形成權，並非請求權，其於共有關係存續中，不因期間之經過而消滅。準此，民法第125條之請求權消滅時效，不包含共有物分割請求權在內。

三、分割方法

（一）協議分割

1. 債權效力

共有物之分割，依共有人協議（agree）之方法行之（民法第824條第1項）。共有物之協議分割，係以消滅各共有人就共有物之共有關係為目的，故協議分割契約應由全體共有人參與協議訂立，始有效成立，不適用

---

[61] 最高法院58年台上字第2431號民事判例。

多數決之原則。分割協議屬債權，故共有人履行分割契約之請求權，有民法第125條規定之適用，因15年間不行使而消滅。而共有人於與其他共有人訂立共有物分割，縱將其應有部分讓與第三人，其分割或分管契約，對於知悉或可得而知之受讓人仍繼續存在，故分割協議具有物權效力[62]。

2. 請求履行登記義務

共有人就共有物已訂立協議分割契約者，縱使拒絕辦理分割登記，當事人亦僅得依約請求履行是項登記義務，而不得訴請法院按協議之方法，再為分割共有物之判決[63]。例外情形，係共有人就共有物之分割訂有協議，倘嗣後因協議內容不明，致無從履行時，自得訴請裁判分割共有物[64]。

（二）判決分割方法

分割之方法不能協議決定，或於協議決定後因消滅時效完成經共有人拒絕履行者，法院得因任何共有人之請求，判決分割共有物。所謂聲請法院，應以起訴為之。該項起訴須以共有人不能協議分割或協議決定有消滅時效完成為要件，否則不得逕行起訴（民法第824條第1項）。共有物分割之方法，法院斟酌各共有人之利害關係及共有物之性質價格等，本有依職權裁量，共有人訴請分割共有物，其聲明不以主張分割之方法為必要，即令有所主張，法院亦不受其主張之拘束，不得以原告所主張之方法為不當，而為駁回分割共有物之訴之判決[65]。

1. 原物分割

物之性質適於分割者，原則上得以原物分配（distribute）於各共有人（民法第824條第2項第1款本文）。例外情形，係各共有人均受原物之分

---

[62] 最高法院48年台上字第1065號民事判例；大法官釋字第349號解釋。

[63] 最高法院59年台上字第1198號民事判例。

[64] 最高法院96年度台上字第849號民事判決。

[65] 最高法院29年上字第1792號、49年台上字第2569民事判例；最高法院69年度第8次民事庭會議決議(2)。

配顯有困難者，得將原物分配於部分共有人（第1款但書）。申言之，分割共有物究以原物分割或變價分配其價金，法院固有自由裁量之權，不受共有人主張之拘束。然仍應斟酌當事人之聲明，共有物之性質、經濟效用及全體共有人利益等，公平裁量。必於原物分配有困難者，始予變賣，以價金分配於各共有人，倘法院僅因應有部分所占比例不多或甚少之共有人，依其應有部分無法分得足供建築用或其他使用之面積，即將共有土地變價分割，不顧原可按其應有部分使用土地之其他共有人利益，尤其此等共有人對共有物在感情上或生活上有密不可分之依存關係，則其所定之分割方法，即屬未當[66]。例如，甲、乙及丙共有A建地，應有部分相同，其面積300坪，每人各分得100坪土地，分得土地未成為畸零地，而得為建築使用之基地。反之，分割之結果形成畸零地，無法為建築使用，則不宜以原物分配於各共有人[67]。

2. 變賣共有物

原物分配顯有困難時，得變賣共有物，以價金分配於各共有人；或者以原物之一部分，分配於各共有人，他部分變賣，以價金分配於各共有人（民法第824條第2項第2款）。一般用於性質上不能以原物分割者。例如，丁、戊共有B馬，B馬不適合原物分割，應以賣出所得之價金，分配於丁、戊。各共有人就共有物變價分割之判決，均有強制執行之聲請權，且於共有物拍賣程序中，均可參與應買，而於經共有人以外之第三人拍定時，共有人有優先購買權。

3. 金錢補償

以原物為分配時，如共有人中有未受分配，或不能按其應有部分受分配者，得以金錢補償之（民法第824條第3項）。所謂金錢補償者，係指共有人已就原物受分配，但其受配部分較其應有部分計算者為少之情形而

---

[66] 最高法院98年度台上字第2058號民事判決。
[67] 最高法院73年台度上字第2714號民事判決。

言。其補償金額之多寡，應斟酌該共有物之一般市價決定之[68]。變賣共有物時，除買受人為共有人外，共有人有依相同條件優先承買之權，有二人以上願優先承買者，以抽籤定之（第7項）。再者，共有物之分割方法以原物分配兼金錢補償者，分得價值較高與分得價值較低之共有人，均為多數人時，應由每一分得價值較高之共有人，向每一分得價值較低之共有人為各別補償[69]。

4. 分別共有

基於公同共有遺產分割自由之原則，繼承人得隨時請求分割遺產（民法第1164條）。所謂得隨時請求分割者，依民法第929條及第830條第1項規定觀之，自應解為包含請求終止公同共有關係在內，使繼承人之公同共有關係歸於消滅而成為分別共有[70]。

（三）判決分割原則

1. 固有必要共同之訴

分割共有物之訴為固有必要共同之訴，應以全體共有人為原告及被告，其當事人始為適格。例如，甲、乙及丙共有A地，甲起訴請求分割A地，應以其餘全體共有人乙、丙為被告。而判決定共有物分割之方法時，分配原物與變賣之而分配價金，何者為適當，法院本有自由裁量之權，不受任何共有人主張之拘束。再者，分割共有物之訴，係以共有物分割請求權為其訴訟標的，第一審既兼採原物分配及金錢補償為共有物之分割方法，則原物分配與金錢補償已合併為分割方法之一種，而有不可分之關係。當事人雖僅就命金錢補償部分之原判決提起上訴，而就原物分配部分未表示不服，其上訴效力應及於分割共有物之訴之全部[71]。例如，甲、乙及丙共有A建地，應有部分相同，其面積300坪，按照應有部分原物分

---

[68] 最高法院69年度台上字第3082號民事判決。
[69] 最高法院95年度台上字第2249號民事判決。
[70] 最高法院93年度台上字第2609號民事判決。
[71] 最高法院81年度台上字第1816號、87年度台上字第2041號民事判決。

割，惟分得土地之價值不等，分得價值高者應補償分得價值低者。

2. 分割成單獨所有

因分割共有物，雖以消滅共有關係為目的，然該土地內有部分土地之使用目的不能分割，如為道路；或部分共有人仍願維持其共有關係；或因共有人之利益；或其他必要情形（民法第824條第4項）。應就該部分土地不予分割或准該部分共有人成立新共有關係外，應將其他得分割之土地分配於各共有人單獨所有。

3. 數宗土地之合併分割

共有人相同之數不動產，除法令另有規定外，共有人得請求合併分割（民法第824條第5項）。共有人部分相同之相鄰數不動產，各該不動產均具應有部分之共有人，經各不動產應有部分過半數共有人之同意，得請求合併分割。例外情形，法院認合併分割為不適當，始分別分割之（第6項）。

四、共有物分割之效力

（一）單獨所有權之取得

共有物經分割後，共同關係消滅，各共有人就其分得部分取得單獨所有權。於協議分割之場合，自分割登記完成時，取得單獨所有權（民法第758條第1項）。而裁判分割者，雖自判決確定時，發生效力，然未經登記，則不得處分之（民法第759條、第824條之1第1項）。取得單獨所有之效力，不溯及既往。

（二）瑕疵擔保責任

各共有人，對於他共有人因分割而得之物，按其應有部分，負與出賣人同一之擔保責任（warranty of seller），即權利及物之瑕疵擔保責任（民法第825條）。共有物之原物分割，係各共有人就存在於共有物全部之應有部分互相移轉，使各共有人取得各自分得部分之單獨所有權。故原物分割而應以金錢為補償者，倘分得價值較高及分得價值較低之共有人，均為

多數時，該每一分得價值較高之共有人，其應就其補償金額對於分得價值較低之共有人全體為補償，並依各該短少部分之比例，定期給付金額，始符合共有物原物分割為共有物應有部分互相移轉之本旨[72]。

（三）共有物證書之保管及使用

共有物分割後，各分割人應保存其所得物之證書（民法第826條第1項）。共有物分割後，關於共有物之證書，歸取得最大部分之人保存之，無取得最大部分者，由分割人協議定之，不能協議決定者，得聲請法院指定之（第2項）。各分割人得請求使用他分割人所保存之證書，其包括所得物證書及共有物證書，保管人不得拒絕之（第3項）。

（四）點交分得部分

共有人按其應有部分，對共有物固有使用收益之權，然此項權利，因共有物分割，共有關係消滅時當然隨之消滅，而僅得就其分得部分為使用收益。準此，共有人間負有點交其他共有分得部分之義務。故關於共有物分割之裁判，執行法院得將各共有物分得部分點交之（強制執行法第131條第1項）。其點交之方法，應適用強制執行法第123條至第126條規定。命分割共有物之判決，雖僅載明各共有人分得之部分而未為交付管業之宣示，然其內容實含有互為交付之意義，故當事人得依本條規定請求點交[73]。例如，甲、乙共有A土地，經法院判決分割共有土地，共有人甲於分割前，在地上有建築物，法院為原物分配之分割時，共有人甲之建築物所占有之土地，分歸他共有人乙取得者，乙得本於其所有權，得請求除去該建築物[74]。

---

[72] 最高法院85年台上字第2676號民事判例。

[73] 最高法院66年度第3次民庭庭推總會議決議。

[74] 最高法院71年度台上字第1482號、95年度台上字第2617號民事判決。

（五）擔保物權之效力

1. 效力及於原共有物

民法之共有物分割，依民法第825條規定意旨，係採取移轉主義，即共有人間各就其應有部分相互移轉，故因分割而取得單獨所有權之效力並不溯及既往，而應自分割完畢後發生。職是，原以應有部分為標的所設定之抵押權，在共有物分割後，仍以應有部分存於各共有人分得部分土地上，即不獨原設定抵押之共有人其分得部分上有抵押權之存在，其他共有人分得部分亦有抵押權之存在。職是，抵押權仍按原應有部分，轉載於分割後各宗土地之上，抵押權人得就全部土地行使其抵押權[75]。

2. 效力僅及於分得部分

原則上應共有人自共有物分割之效力發生時起，取得分得部分之所有權（民法第824條之1第1項）。應有部分有抵押權或質權者，其權利不因共有物之分割而受影響（第2項本文）。例外情形，係有下列情形之一者，其權利移存於抵押人或出質人所分得之部分：(1)權利人同意分割；(2)權利人已參加共有物分割訴訟；(3)權利人經共有人告知訴訟而未參加（第2項但書）。以價金分配或以金錢補償者於抵押人或出質人者，抵押權或質權存在價金或金錢上（第3項）。前開情形，為不動產分割者，應受補償之共有人，就其補償金額，對於補償義務人所分得之不動產，有抵押權（第4項）。該項抵押權應於辦理共有物分割登記時，一併登記，其次序優先於第2項但書之抵押權。

伍、例題分析

一、回復共有物之請求權

各共有人，按其應有部分，固對於共有物之全部，有使用、收益之權利（民法第818條）。各共有人對於第三人，得就共有物之全部為本於所

---

[75] 最高法院97年度台上字第875號民事判決。

有權之請求。但回復共有物之請求，僅得為共有人全體之利益為之（民法第821條）。準此，是未經共有人全體同意，協議分管之共有物，共有人對共有物之特定部分占用收益，應徵得他共有人全體之同意。未經他共有人同意，而就共有物之全部或一部任意占用收益，他共有人得本於所有權請求除去其妨害或請求向全體共有人返還占用部分。準此，甲、乙及丙共有A土地，甲未經其他共有人之同意，擅自於全部或其中特定部分土地上，建屋使用之，共有人乙或丙得本於所有權請求甲向全體共有人返還其占用部分[76]。

二、共有物之管理

　　所謂共有物之管理，係指共有物之利用、保存及改良行為。共有物之管理，除契約另有約定外，應以共有人過半數及其應有部分合計過半數之同意行之（民法第820條第1項本文）。丁、戊分別共有B土地，其應有部分各為1/2，丁未經辛之同意，逕自將B土地出租與他人，並收取租金新臺幣100萬元。因出租行為係典型之管理行為，應由共有人丁、戊共同為之，丁逾越其應有部分對共有物為使用收益，係無法律上原因，而使用應歸屬他共有人之權利，受有利益，致他人受損害，應成立不當得利。準此，戊得依據不當得利之法律關係向丁請求半數之租金（民法第179條）[77]。

三、共有物之分割效力

　　共有物分割之效力，係自分割時向將來發生，故共有物上原有之其他物權不因分割而受影響。己與庚分別共有C土地，其應有部分各為1/2，己以其應有部分為他人設定抵押權，嗣後C土地協議分割成D與E土地，D土地分歸予己，E土地分歸予庚，抵押權人仍得按其應有部分就原共有物之

---

[76] 最高法院74年度第2次民事庭會議決定(3)。
[77] 最高法院55年台上字第1949號民事判例。

全部行使抵押權。準此，抵押權之範圍及於己分得之D土地與庚分得之E
土地。

【習題27】

甲、乙及丙共有A土地，面積300坪，其應有部分各1/3，丙未經甲、乙之
同意將靠南邊之200坪，出租予丁，並交付使用，試問甲或乙是否得請求
丁返還土地？

出租為管理行為，除契約另有約定外，應以共有人過半數及其應有部分合
計過半數之同意行之。但其應有部分合計逾2/3者，其人數不予計算（民
法第820條第1項）。故甲或乙得依據民法第821條、第767條第1項規定，
請求丁將占有共有物之特定部分，返還予全體共有人。

【習題28】

共有物應如何分割？分割後之法律效果為何？

共有物之分割方法有協議分割與裁判分割，裁判分割有原物分割、變賣共
有物、金錢補償及維持部分共有等方法。再者，分割之效力有：(一)單獨
所有權之取得。(二)瑕疵擔保責任。(三)共有物證書之保管及使用。(四)點
交分得部分。

【習題29】

共有物協議分割請求權因時效完成，經共有人拒絕履行而消滅，法院於為
裁判分割時，是否應受原定分割協議之拘束？

法院裁判分割為形成之訴，關於定分割方法，應依職權為公平之裁量，採
取最適當之方法為分割，以符合共有人之利益，不受共有人所主張分割方
法之拘束。而共有人以前訂立之分割契約，於時效完成後，經共有人一人
或數人為拒絕給付之抗辯者，共有人得請求法院為判決分割，此際共有人
係依據共有物分割請求權請求，而非依據履行分割共有物之協議請求權請

求，法院自應依職權為公平之裁量，定其分割方法，不受共有人原定分割協議書之拘束[78]。

第三項　公同共有

本項目標在使研讀者瞭解公同共有之定義、公同共有人之權利義務、公同共有物之分割及公同共有之消滅。公同共有最常見之類型有三：遺產、合夥財產及祭祀公業。茲表列說明分別共有與公同共有之相異處如後[79]：

	分別共有	公同共有
成立原因	不以公同關係存在為前提	以公同關係存在為前提
權利享有	按應有部分享有所有權	權利及於公同共有之全部
應有部分處分	得自由處分應有部分	無法自由處分潛在之應有部分
分割限制	除物之使用目的或契約訂有不分割之期限外，採自由分割原則	公同關係存續中，不得請求分割共有物
共有物管理	共有物之管理，除契約另有約定外，應以共有人過半數及其應有部分合計過半數之同意行之。但其應有部分合計逾 3/2 者，其人數不予計算。共有物之簡易修繕及其他保存行為，得由各共有人單獨為之	除法律或契約另有訂定外，應得公同共有人全體同意
對第三人行使權利	各共有人得就共有物之全部為本於所有權之請求	應得公同共有人全體同意

---

[78] 最高法院99年度台上字第1791號民事判決。
[79] 謝在全，民法物權中冊，自版，修訂3版，2004年8月，頁30-31。

例題28

　　甲、乙及丙因繼承關係公同共有A土地，丁未經共有人同意而無權占有A土地。試問甲得否以自己之名義，請求丁返還A土地於公同共有人全體？

壹、公同共有之定義

　　所謂公同共有（owners-in-common），係指數人基於公同關係，而共有一物之所有人，各公同關係之人，為公同共有人（民法第827條第1項）。公同共有之成立有依法律規定、習慣或法律行為（民法第827條第2項）。例如，遺產為繼承人公同共有（民法第1151條）、當事人之合夥契約（民法第668條）。公同共有與分別共有之相同處，均為數人共有一物。相異處，係前者基於公同關係；後者則按其應有部分，此為兩者在法律結構上之基本差異[80]。

貳、公同共有人之權利義務

一、權利之行使

　　各公同共有人之權利及於公同共有物之全部（民法第827條第3項）。例如，公同共有人受領公同共有債權之清償，應共同為之，除得全體公同共有人同意外，無由其中一人或數人，單獨受領之權。因各該共有人自無所謂之應有部分。公同共有人中一人不得請求就公同共有物之一部，按其應有部分移轉登記為其所有。

---

[80] 王澤鑑，民法物權第1冊，通則•所有權，自版，1992年4月，頁290。

二、公同共有之成立

（一）公同關係

1. 原　則

公同共有人之權利義務，依其公同關係所由成立之法律、法律行為或習慣定之（民法第828條第1項）。分別共有之管理、共有人請求權之行使及登記規定，其於公同共有準用之（第2項）。公同共有物之處分及其他之權利行使，除法律另有規定外，應得公同共有人全體之同意（第3項）。前者，如移轉所有權；後者，如使用收益或設定負擔。

2. 例　外

公同共有物權利之行使，固應得公同共有人全體之同意，但事實上有無法得全體公同共有人同意之情形。例如，公同共有人間利害關係相反、所在不明等。倘有對第三人起訴之必要，為公同共有人全體之利益計，僅由事實上無法得其同意之公同共有人以外之其他公同共有人單獨或共同起訴，其當事人適格並無欠缺[81]。

（二）分別共有與公同共有之區別

分別共有之關係，各共有人得自由處分其應有部分（民法第819條第1項）。而基於公同關係而共有一物者，各公同共有人之權利及於公同共有物之全部，該各共有人並無所謂有其應有部分（民法第827條）。準此，公同共有人中之一人無法律或契約之根據，亦未得其他公同共有人之同意，而就公同共有物為處分，自屬全部無效[82]。

三、繼承人處分公同共有權利

繼承人有數人時，在分割遺產前，各繼承人對於遺產全部為公同共

---

[81] 司法院院字第1425號解釋；最高法院37年上字第6939號民事判例；最高法院103年台上字第2723號民事判決。

[82] 最高法院37年上字第6419號民事判例。

有。各公同共有人之權利及於公同共有物之全部,各公同共有人對於公同共有物無應有部分可言(民法第1151條、第827條第3項)。而應繼分係各繼承人對於遺產之一切權利義務所得繼承之比例,並非對於個別遺產之權利比例。故各繼承人在分割遺產前,對於遺產並無應有部分,必待分割遺產,解消公同共有關係,辦理分別共有登記後,始得處分其繼承之應有部分,為所有權移轉登記。準此,買賣係以移轉物權為目的之債權契約,並非處分行為。是繼承人間就繼承遺產公同共有權利之買賣,仍須待遺產分割後,始得請求就其應有部分辦理移轉登記[83]。

參、公同共有物之分割

公同關係存續中,各公同共有人,不得請求分割其公同共有物(民法第829條)。故欲分割公同共有物,應先行終止公同關係。而此項公同關係之存續,可終止之,公同共有人中之一人或數人於訴訟外或起訴時,以訴狀向他共同共有人表示終止公同關係之意思,而請求分割公同共有物,可認終止為合法,則其公同關係已不復存續。請求分割公同共有物之訴,為固有之必要共同訴訟,應由同意分割之公同共有人全體一同起訴,並以反對分割之其他公同共有人全體為共同被告,當事人適格始無欠缺。

肆、公同共有之消滅

公同共有之關係,自公同關係終止,或因公同共有物之讓與而消滅(民法第830條第1項)。公同共有物分割之方法,除法律另有規定外,應依關於共有物分割之規定(第2項)。例如,繼承人將公同共有之遺產,變更為分別共有,係使原公同關係消滅,另創設繼承人各按應有部分對遺產有所有權之分別共有關係,其性質應仍屬分割共有物之處分行為,該分

---

[83] 最高法院99年度台上字第1586號民事判決。

別共有人自得隨時請求分割共有物（民法第823條第1項本文）。

伍、例題解析—公同共有人行使對第三人之權利

公同共有人行使權利，應得全體共有人之同意，旨在於保護公同共有人全體之利益。故公同共有人中之一人對第三人就共有物之全部為本於所有權之主張，係在保護全體共有人之權利，依據立法規範之目的，應對「其他之權利」作目的性限縮，不包含公同共有人行使對於第三人之權利在內[84]。準此，甲、乙及丙因繼承關係公同共有A土地，丁未經共有人同意而無權占有A土地，甲得以自己之名義，請求丁返還A土地於公同共有人全體（民法第821條）。

【習題30】

甲、乙及丙雖共同繼承A土地，惟未辦理繼承登記，試問A土地公同共有人之一，得否訴請分割共有物？

共有人協議分割共有物不成，法院得因任何共有人之聲請而裁判分割共有物，為求訴訟之經濟起見，許可原告就請求繼承登記（民法第759條）及分割共有物之訴合併提起[85]。

【習題31】

祭祀公業派下權得否成為強制執行之對象？

祭祀公業係以祭祀祖先及結合同姓同宗之親屬為目的而設立之獨立財產，此與一般公同共有財產有別。而祭祀公業派下權兼具身分權及財產權性質，非如公同共有物未分割前，公同共有人中一人之債權人，對於該公同共有人公同共有之權利，得請求執行。因派下人對於祭祀公業財產僅有派

---

[84] 王澤鑑，民法物權第1冊，通則‧所有權，自版，1992年4月，頁298。
[85] 最高法院70年度第2次民事庭會議決定(2)。

下權，非謂派下人已登記為祭祀公業財產之公同共有人而取得其財產物權，故不得對之派下權聲請強制執行[86]。

第四項　準共有

本項目標在使研讀者瞭解準共有之定義。限定物權或準物權得成立準共有關係，債權亦得成立準共有關係。

例題29

甲、乙繼承A土地，並共同出賣與丙，其價金為新臺幣（下同）500萬元。試問甲或乙得否請求丙各給付250萬元與其本人？理由為何？

壹、準共有

共有之規定，其於所有權以外之財產權，由數人共有或公同共有者準用之（民法第831條）。例如，數人共有一限定物權、準物權、無體財產權及債權等。其共有狀態與共所有權，並無二致，故準用分別共有或公同共有之規定。

貳、例題解析─債權之準共有關係

繼承人共同出賣公同共有之遺產，其所取得之價金債權，仍為公同共有，並非連帶債權。而公同共有人之一人或數人受領公同共有債權之清償，除得全體公同共有人之同意外，應共同為之，無單獨受領之權。準此，甲、乙繼承A土地，並共同出賣與丙，其價金為新臺幣（下同）500萬元，甲或乙不得請求丙各給付250萬元與其本人，僅能請求丙對全體共

---

[86] 最高法院99年度台上字第978號民事判決。

有人給付全部之價金。此與連帶債權人各得向債務人為全部給付之請求者，兩者有所不同（民法第283條）。

【習題32】

甲、乙為丙之繼承人，繼承丙對丁之新臺幣（下同）100萬元之借款債權，試問甲或乙得否請求丁各給付50萬元與其本人？

公同共有人之權利義務，依其公同關係所由成立之法律、法律行為或習慣定之（民法第828條第1項）。公同共有物之處分及其他之權利行使，除法律另有規定外，應得公同共有人全體之同意（第3項）。準此，甲或乙依據繼承關係，僅能請求丙對全體共有人給付全部之100萬元借款。

第三章　用益物權

物權分為完全物權與限定物權，限定物權可分用益物權與擔保物權。用益物權，係以標的物之使用、收益為目的之物權，著重於支配物之使用價值。

第一節　概　說

我國民法規定地上權、農育權、不動產役權及典權等用益物權，實務上登記最多者為地上權，其次為不動產役權。本節目標在使研讀者瞭解用益物權之定義、各種用益物權之內容，該等內容之比較為本節探討之焦點所在。

例題30

甲欲合法使用乙所有之A土地，以興建鋼骨結構之防震大廈，作為商業大樓使用，期間預定為該建物之堪用期限50年。試問甲不購買A土地時，甲、乙間應設定何種物權？

壹、用益物權之定義

所謂用益物權，係指在他人之不動產上設定以利用該不動產為內容之物權，而物權人占有該不動產，對標的物於一定範圍內，得為使用或收益之限定物權。依據用益物權之內容，得反映出不同經濟體制與社會發展。我國民法設有地上權、農育權、不動產役權及典權等物權，以不動產為標的之用益物權。

貳、用益物權之種類[1]

	地上權	農育權	不動產役權	典　權
標的物	土地	土地	不動產	不動產
類　型	意定與法定	意定	意定	意定
內　容	在他人土地上下有建築物或其他工作物	在他人土地上為農作、森林、養殖、畜牧、種植竹林或保育	以他人不動產供自己不動產通行、汲水、採光、眺望、電信或其他以特定便宜用途	占用他人之不動產而為使用與收益，於他人不回贖時，取得該不動產所有權
對　價	無償或地租	無償或地租	無償或有償	典價
期　限	有期或無期	有期或無期	有期或無期	有期
處分性	地上權人得讓與、設定抵押權	農育權人得讓與、設定抵押權；不得將土地或農育工作出租與第三人	不得由需役不動產分離而為讓與，或為其他權利之標的物，其具有從屬性	典權人得讓與典權、轉典、設定抵押權，其得藉由留買或找貼之方式，取得典物所有權
消　滅	期滿、拋棄、撤銷	期滿、終止、拋棄	土地滅失、法院宣告	絕買、留買、回贖、找貼

參、例題解析─設定普通地上權

　　所謂普通地上權者，係指在他人土地上下有建築物或其他工作物為目的而使用其土地之權（民法第823條）。此與租賃權之存續期間不得逾20年，兩者有所不同（民法第449條）。縱使地上物於地上權存續期間滅失，地上權不因建築物或其他工作物之滅失而消滅（民法第841條）。準

---

[1] 王澤鑑，民法概要，自版，2003年10月，5刷，頁545-546。

此，甲欲於乙所有之A土地上，興建鋼骨結構之防震大廈，其預定使用50年，自應設定地上權，即可不受與租賃期間不得逾20年之限制。

【習題33】

甲欲於乙之所有之土地上，種植竹林，其應設定何種用益物權？倘以耕作為目的而培植果樹者，則應設定何種用益物權？

種植竹林或培植果樹均應設定農育權（民法第850條之1第1項）。

第二節　地上權

本節目標在使研讀者瞭解地上權類型與定義、法定地上權、地上權人之權義、地上權之消滅及比較地上權與租賃權之異同。探討重點在於地上權之定義與法定地上權之說明。

第一項　普通地上權

地上權分為普通地上權與區分地上權二種類型。所謂普通地上權者，係指在他人土地上下有建築物或其他工作物為目的而使用其土地之權。所謂區分地上權者，係指在他人土地上下之一定空間範圍內設定之地上權。

例題31

甲向乙銀行貸款，甲除提供所有之A土地為乙銀行設定抵押權外，雖為擔保借款債權之目的，並設定地上權於乙銀行，然乙銀行在土地並無任何建築物或其他工作物。A土地經法院拍賣，丙為拍定人，乙銀行主張地上權人之優先購買權，欲優先購買A土地。試問乙銀行是否有權利？理由為何？

例題32

　　丁將其所有之B土地，出租與戊作為建築房屋之用，租期為20年，戊興建房屋之堪用年限為30年，其為充分利用房屋，恐丁於租賃期間屆滿後，不願繼續續租，乃於租用19年後，雖請求出租人丁協同辦理地上權登記，惟丁欲收回B土地自用，抗辯戊之請求權已罹於時效。試問戊之請求是否有理？依據為何？

壹、普通地上權之定義

一、普通地上權係使用他人土地之物權

　　所謂普通地上權者，係指在他人土地上下有建築物或其他工作物為目的而使用其土地之權（民法第823條）。地上權係以使用他人土地之目的而設定，其對象僅以土地為限，建築物無法設定，故具有調節土地所有與利用之社會經濟之功能，地上權為我國用益物權登記數最多者。地上權之範圍，以設定之面積為準，不以建築物或其他工作物等本身占用之土地為限，其周圍之附屬地，如房屋之庭院、屋後之空地，倘在設定之範圍內，亦有地上權之存在[2]。準此，地上權不因建築物或其他工作物之滅失而消滅，仍得依原來使用目的使用土地（民法第841條）。

二、普通地上權為限定物權

　　地上權為存於他人土地上之限定物權，其範圍與目的依據設定而定，為不動產物權，依據民法第758條規定，須經登記始生效力。不僅土地上得設定地上權，土地上方或地面下亦得設定區分地上權或空間地上權（民法第841條之1；大眾捷運法第19條第2項）。職是，地上權之設定不限於

---

[2] 最高法院48年台上第928號民事判例。

地表上[3]。而地上權之設定，非限於有償，故不以支付地租為必要。

三、普通地上權以在他人土地上下有建築物或工作物為目的

所謂建築物，係指定著於土地上或地面下具有頂蓋、樑柱或牆壁，供個人或公眾使用之構造物而言（建築法第4條）。所謂其他工作物（other-works），係指建築物以外之設施而言。例如，橋樑、鐵路、堤防、電線桿等，其不以定著物為限。

貳、地上權之發生

一、基於法律行為取得

基於法律行為取得地上權者，可分原始取得與繼受取得。前者，如當事人合意、遺囑或基地租賃而設定地上權（土地法第102條；民法第422條之1）。後者，如地上權之讓與（民法第838條本文）。欲基於法律行為取得地上權，其必須經書面與登記，始生效力（民法第758條）。

二、基於法律行為以外之事實取得

基於法律行為以外之事實取得者，其主要事由有四：(一)繼承（民法第1147條、第1148條）。(二)時效取得（民法第772條）。(三)法定地上權

---

[3] 大眾捷運法第19條第1項規定：大眾捷運系統因工程上之必要，得穿越公、私有土地及其土地改良物之上空或地下。但應擇其對土地及其土地改良物之所有人、占有人或使用人損害最少之處所及方法為之，並應支付相當之補償。第2項規定：前項須穿越私有土地及其土地改良物之上空或地下之情形，主管機關得就其需用之空間範圍，在施工前，於土地登記簿註記，或與土地所有權人協議設定地上權，協議不成時，準用土地徵收條例規定徵收取得地上權。第3項規定：前2項土地及其土地改良物因大眾捷運系統之穿越，致不能為相當之使用時，土地及其土地改良物所有人得自施工之日起至完工後1年內，請求徵收土地及其土地改良物，主管機關不得拒絕。土地及其土地改良物所有人原依前2項規定取得之對價，應在徵收土地及其土地改良物補償金額內扣除之。

（民法第876條）。(四)徵收地上權（大眾捷運法第19條第1項、第2項）。

參、法定地上權

一、定　義

　　法定地上權因係拍賣抵押物時，導致土地與建築物異其所有人，為調整所有權之關係，故視為已有地上權之設定，避免拍定後建築物無從利用土地致拆除之結果，有害社會經濟發展。準此，此項地上權，係基於法律之規定而成立之地上權，故稱之法定地上權。法定地上權以有償為要件，其與意定地上權得為無償，兩者有所不同。法定地上權係因法院強制執行而發生，雖不登記亦生效力，惟欲處分，則必須登記（民法第759條）。

二、事　由

（一）僅以土地或建築物為抵押

　　設定抵押權時，土地及其土地上之建築物，同屬於一人所有，僅以土地或僅以建築物為抵押者，而於抵押物拍賣時，視為已有地上權之設定，其地租、期間及範圍由當事人協議定之。不能協議者，得聲請法院定之（民法第876條第1項）。

（二）以土地及建築物為抵押

　　設定抵押權時，土地及其土地上之建築物，同屬於一人所有，而以土地及建築物為抵押者，如經拍賣，其土地與建築物之拍定人各異時，適用前項之規定（民法第876條第2項）。

（三）強制拍賣

　　土地及其土地上之建築物，同屬於一人所有，因強制執行之拍賣，其土地與建築物之拍定人各異時，視為已有地上權之設定，其地租、期間及範圍由當事人協議定之；不能協議者，得請求法院以判決定之。其僅以土地或建築物為拍賣時，亦同（民法第838條之1第1項）。本項地上權，因

建築物之滅失而消滅（第2項）。

（四）典權之設定

　　土地及其土地上之建築物同屬一人所有，而僅以土地設定典權者，典權人依據第913條第2項之絕賣條款、第923條第2項之定期典期、第924條之不定期典權等規定，取得典物所有權，致土地與建築物各異其所有人時，準用第838條之1之法定地上權（民法第924條之2）。

（五）典地上有建築物

　　典物為土地，出典人同意典權人在其上營造建築物者，除另有約定外，典物回贖時，應按該建築物之時價補償之。出典人不願補償者，其於回贖時視為已有地上權之設定（民法第927條第3項）。出典人願依前開規定，為補償而就時價不能協議時，得聲請法院裁定之；其不願依裁定之時價補償者，回贖時亦視為已有地上權之設定（第4項）。

肆、地上權人之權利

一、土地之使用收益

　　地上權人取得地上權後，即可請求土地所有人移轉其占有，地上權人占有土地後，亦受關於占有之保護（民法第962條）。地上權人應依設定之目的及約定之使用方法，為土地之使用收益；未約定使用方法者，應依土地之性質為之，並均應保持其得永續利用（民法第836條之2第1項）。約定之使用方法，非經登記，不得對抗第三人（第2項）。

二、相鄰權之行使

　　地上權人於目的範圍內占有及使用土地，故民法第774條至第798條關於相鄰權之規定，而於地上權人間，或地上權人與土地所有人間，準用之（民法第800條之1）。例如，地上權人得主張袋地通行權通行鄰地。

三、地上權之處分

地上權並非專屬之財產權，是地上權人得自由處分，除將其權利讓與他人外，並得將其地上權供為擔保設定抵押權或轉租土地。但契約另有訂定或另有習慣者，不在此限。當事人之約定，非經登記，不得對抗第三人。地上權與其建築物或其他工作物，不得分離而為讓與或設定其他權利（民法第882條、第838條）。依民法第838條規定，地上權人得將其地上權讓與受讓人者，僅於該地上權存續期間內，始有其適用。地上權為財產權之一種，本諸財產權得自由拋棄之原則，地上權人得拋棄權利（民法第834條、第835條）。

四、取回工作物

地上權消滅時，地上權人雖得取回其工作物，然應回復土地原狀，此為地上權人之取回權（民法第839條第1項）。地上權人不於地上權消滅後1個月內取回其工作物者，工作物歸屬於土地所有人。其有礙於土地之利用者，土地所有人得請求回復原狀（第2項）。地上權人取回其工作物前，應通知土地所有人。土地所有人願以時價購買者，地上權人非有正當理由，不得拒絕（第3項）。此為土地所有人對地上物之購買請求權。

五、建築物之補償

地上權人之工作物為建築物者，倘地上權因存續期間屆滿而消滅，地上權人得於期間屆滿前，定1個月以上之期間，請求土地所有人按建築物之時價（current market price）為補償。但契約另有約定者，從其約定（民法第840條第1項）。土地所有人拒絕地上權人前項補償之請求或於期間內不為確答者，地上權之期間應酌量延長之。地上權人不願延長者，不得請求建築物時價之補償（第2項）。就時價無法協議時，地上權人或土地所有人得聲請法院裁定之，其性質屬非訟事件（第3項前段）。土地所有人不願依裁定之時價補償者，地上權期間接續原存續期間而延長適用前項規定（第3項後段）。延長地上權期間由土地所有人與地上權人協議定

之（第4項前段）。無法協議時，得請求法院斟酌建築物與土地使用之利益，以判決定之，法院酌定期間之判決為形成判決（第4項後段）。法院酌定期間屆滿後，除經土地所有人與地上權人協議者外，不得再請求按建築物時價補償或延長地上權期間。

六、優先購買權

地上權人於他人土地上有建築物，如基地出賣時，地上權人有依同樣條件優先購買之權（土地法第104條第1項）。其立法目的在使土地與其上建築物歸同一人所有，以盡物之經濟上效用。而具有優先購買權之地上權人，其於接到出賣通知後10日內不表示者，其優先權視為放棄。倘出賣人未通知優先購買權人而與第三人訂立買賣契約者，該契約不得對抗優先購買權人，地上權人得主張該買賣契約所為之所有權移轉行為無效，故該優先購買權具有物權之效力（第2項）。

七、物上請求權之行使

地上權人有使用他人土地之權利，故土地所有權人於地上權目的範圍內，有容忍及不作為之義務。地上權之存在，不在調和土地之所有，其主要機能在於係調節土地之利用，以提高土地現在或將來之利用價值，故地上權人於地上權之設定目的範圍內，自可利用該土地之全部。倘地上權人與土地所有人之利用相衝突時，除契約另有約定外，應認地上權人有優先使用之權利。因地上權為使用土地之物權，其於目的範圍內，有直接支配土地之權。不僅土地所有人負有消極之義務，第三人亦不得妨害其權利。準此，地上權人對於無權占有或侵奪其地上權者，得請求返還之。對於妨害其地上權者，得請求除去之。有妨害其地上權之虞者，得請求防止之（民法第767條第2項）。

伍、地上權人之義務

一、支付地租

（一）地租支付與地上權之關係

地上權之成立，不以支付地租為要件，其得為有償或無償，如為有償者，其使用土地之對價則稱地租或租金。是當事人約定地租之普通地上權及法定地上權，地上權人均須給付租金（民法第876條）。縱因不可抗力，妨礙其土地之使用，不得請求免除或減少租金（民法第837條）。而土地所有權讓與時，已預付之地租，非經登記，不得對抗第三人（民法第836條之1）。

（二）地租之增減

地上權之地租與租賃契約之租金，固屬不同，然就因使用土地而支付金錢為對價而言，兩者實相類似。準此，地上權設定後，因土地價值之昇降，依原定地租給付顯失公平者，當事人得請求法院增減之（民法第835條之1第1項）。未定有地租之地上權，如因土地之負擔增加，非當時所得預料，仍無償使用顯失公平者，土地所有人得請求法院酌定其地租（第2項）。

二、返還土地

地上權消滅時，地上權人得取回其工作物，並應回復土地原狀，將土地返還於土地所有人（民法第839條第1項）。土地所有人願以時價購買其工作物，地上權人非有正當理由，不得拒絕（第3項）。

陸、地上權之消滅

地上權固不因建築物或其他工作物之滅失而消滅（民法第841條）。惟民法第876條第1項規定之法定地上權，係為維護特定建築物之存在而發

生，則於建築物滅失時，其法定地上權即應隨之消滅，此與民法第832條所定之普通地上權，得以約定其存續期限，其於約定之地上權存續期限未屆至前，縱使地上之建築物或工作物滅失，依同法第841條規定，其地上權仍不因而消滅者，兩者不同[4]。

一、地上權存續期間屆滿

地上權定有存續期間者，其於期間屆滿後，地上權歸於消滅（民法第840條）。地上權期限屆滿後，地上權人仍繼續為土地之使用收益者，並不發生更新之效果而成為不定期之地上權[5]。再者，地上權雖登記「無期限」，除非有反證，自應解為不定期，並非永久存在。例如，以公共建設為目的而成立之地上權，未定有期限者，以該建設使用目的完畢時，視為地上權之存續期限（民法第833條之2）。

二、拋棄地上權

地上權無支付地租之約定者，地上權人得隨時拋棄其權利（民法第834條）。地上權定有期限，而有支付地租之約定者，地上權人得支付未到期之3年分地租後，拋棄其權利（民法第835條第1項）。地上權未定有期限，而有支付地租之約定者，地上權人拋棄權利時，應於1年前通知土地所有人，或支付未到期之1年分地租（第2項）。因不可歸責於地上權人之事由，致土地不能達原來使用之目的時，地上權人就定期地上權支付1年6個月地租，或就不定期地上權支付6個月地租，得拋棄其權利（第3項前段）；其因可歸責於土地所有人之事由，致土地不能達原來使用之目的時，地上權人亦得拋棄其權利，並免支付地租（第3項後段）。

---

4 最高法院85年台上字第447號民事判例。
5 王澤鑑，民法概要，自版，2003年10月，5刷，頁552。

三、終止地上權

（一）法院判決終止

　　地上權未定有期限者，存續期間逾20年或地上權成立之目的已不存在時，法院得因當事人之請求，斟酌地上權成立之目的、建築物或工作物之種類、性質及利用狀況等情形，定其存續期間或終止其地上權（民法第833條之1）。本項請求係變更原物權之內容，性質上為形成之訴，應以形成判決為之。倘地上權經設定抵押權者，法院得依民事訴訟法第67條之1規定告知參加訴訟，以保障抵押權人之權益。

（二）積欠地租

　　地上權人積欠地租達2年之總額，除另有習慣外，土地所有人得定相當期限催告地上權人支付地租，如地上權人於期限內不為支付，土地所有人得終止地上權。所謂積欠地租達2年之總額，係指歷年所累積之積欠地租而言。地上權經設定抵押權者，並應同時將該催告之事實通知抵押權人（民法第836條第1項）。土地所有權人終止地上權，應向地上權人以意思表示為之（第3項）。倘地上權設定契約當事人之一方有數人者，終止地上權之意思表示，應由其全體或向其全體為之。地租之約定經登記者，地上權讓與時，前地上權人積欠之地租應併同計算。受讓人就前地上權人積欠之地租，應與讓與人連帶負清償責任（第2項）。

（三）違反設定或約定使用方法

　　地上權人應依設定之目的及約定之使用方法，為土地之使用收益；未約定使用方法者，應依土地之性質為之，並均應保持其得永續利用（民法第836條之2第1項）。地上權人違反設定之目的及約定之使用方法或土地之性質者，經土地所有人阻止而仍繼續為之者，土地所有人得終止地上權。地上權經設定抵押權者，並應同時將該阻止之事實通知抵押權人（民法第836條之3）。

柒、地上權與土地租賃之異同

	地上權	土地租賃	說明
權利內容	使用他人土地之權利（民法第832條）	使用他人土地之權利（民法第421條）	相同
優先購買權	土地所有人出賣土地時，地上權人有優先購買權，該優先購買權具有物權效力（土地法第104條）	土地所有人出賣土地時，土地承租人有優先購買權，該優先承買權具有物權效力（土地法第104條）	相同
追及效力	土地所有人設定地上權後，雖得將土地讓與他人。然其地上權不因此而受影響，此為物權之追及效力	出租人於租賃物交付後，承租人占有中，縱將其所有權讓與第三人，其租賃契約，對於受讓人仍繼續存在（民法第425條第1項），此為買賣不破租賃之原則[6]	相同
終止契約	地上權人積欠地租達2年之總額者，除另有習慣外，土地所有人得終止地上權（民法第836條第1項）	土地租賃之承租人地租積欠達2年總額時，得終止租約（民法第440條第3項）[7]	相同
財產權性質	地上權為物權，地上權人得直接使用土地所有人之土地。故地上權之得喪變更，由於法律行為者，非經登記，不生效力（民法第758條第1項）	租賃權本質為債權，故土地承租人僅得請求出租人交付土地，使其使用之。土地租賃權之得喪變更，無須登記	不同
行為方式	意定地上權之設定或移轉，應以書面為之（民法第758條第2項）	不動產之租賃契約，其期限逾1年者，應以字據訂立之，未以字據訂立者，視為不定期限之租賃（民法第422條）	不同

---

[6] 例外情形，係未經公證之不動產租賃契約，其期限逾5年或未定期限者，不適用買賣不破租賃原則（民法第425條第2項）。

[7] 土地法第103條第4款、第114條第7款與耕地三七五減租條例第17條第3款亦有相同規定。承租人租金支付有遲延者，出租人得定相當期限，催告承租人支付租金，如承租人於其期限內不為支付，出租人得終止契約（民法第440條第1項）。

	地上權	土地租賃	說明
存續期間	地上權並無存續期間之限制（民法第833條之1）。地上權設定時，不須已有建築物或其他工作物，縱使地上物於地上權存續期間滅失，地上權不因而消滅（民法第841條）	租賃權之存續期間則不得逾20年（民法第449條）。租賃物全部滅失，或一部滅失就存餘部分不能達租賃之目的者，承租人得終止租約（民法第435條）	不同
請求補償	地上權人之工作物為建築物者，如地上權因存續期間屆滿而消滅，地上權人有取回地上物之權利，地上物如為建築物時，土地所有人，除另有約定外，得按該建築物之時價為補償（民法第840條第1項）	土地承租人於契約期間屆滿時，僅有取得其工作物之權利，不得請求補償（民法第455條），因蓋承租人有回復原狀之義務	不同
對價關係	地上權之成立不以支付地租之必要（民法第835條）。地上權有支付地租之約定者，地上權人，縱因不可抗力，妨礙其土地之使用，不得請求免除或減少租金（民法第837條）	租賃權必須支付地租，屬有償契約（民法第421條）。倘為無償使用土地者，則為使用借貸契約。租賃關係存續中，因不可歸責於承租人之事由，致租賃物之一部滅失者；或因不可抗力，致其收益減少或全無者，得請求減少或免除租金（民法第435條、第457條）	不同
處分自由	地上權人得自由將地上權讓與他人或設定抵押權（民法第838條第1項）	租賃權具有信賴關係，不得讓與他人（民法第294條第1項第1款）。承租人未經出租人之承諾，亦不得將其租賃物轉租（民法第443條第1項）承租人違反轉租，出租人得終止租賃契約（第2項）[8]	不同

---

[8] 土地法第103條、第108條；耕地三七五減租條例第16條均有相同之規定。

	地上權	土地租賃	說明
修繕義務	地上權不得請求土地所有人為土地之修繕	土地出租人負有修繕之義務（民法第 429 條第 1 項）	不同
擔保之標的	地上權得為抵押權之標的物（民法第 882 條）	租賃權不得轉讓，故不得作為權利質權之標的物（民法第 900 條），亦不得為抵押權之標的物	不同

捌、地上權與農育權之異同

	地上權	農育權	說明
權利內容	使用他人土地之物權	使用他人土地之物權	相同
讓與與抵押	得讓與與作為抵押權之標的（民法第 838 條、第 882 條）	得讓與與作為抵押權之標的（民法第 849 條、第 882 條）	相同
地租增減	地租得增減（民法第 835 條之 1）	地租得增減（民法第 835 條之 1、第 850 條之 9）	相同
地租之支付	地上權不以支付地租為必要（民法第 835 條）	農育權不以支付地租（民法第 850 條之 4）	相同
期限之限制	地上權得定期限或不定期限	農育權得定期限或不定期限（民法第 850 條之 1、第 850 條之 2）	相同
設定目的	在他人土地上下有建築物或其他工作物（民法第 832 條）；或在他人土地上下之一定空間範圍內設定（民法第 841 條之 1）	在他人土地上為農作、森林、養殖、畜牧、種植竹林或保育之權（民法第 850 條之 1）	不同
轉租之禁止	地上權人得將土地出租於他人	農育權人不得將土地或農育工作物出租於他人（民法第 850 條之 5）	不同
租金之減免	地上權人不得因不可抗力，而不能使用土地，請求減免租金（民法第 837 條）	農育權人因不可抗力，致其收益減少或全無者，得請求減免佃租（民法第 850 條之 4 第 1 項）	不同

玖、例題解析

一、通謀虛偽設定地上權

（一）地上權為用益物權

普通地上權者，係指在他人土地上下有建築物或工作物為目的而使用其土地之權（民法第823條）。故設定地上權，自以具有該法條所示之目的而使用土地之意思而設定，始為真正之地上權，倘地上權人與土地所有人間，並無由地上權在土地上有建築物或工作物而使用土地之意思，其目的在加強擔保借款債權，渠等設定地上權之行為，自屬通謀虛偽之地上權之設定，該設定地上權之行為，應屬無效（民法第87條）。準此，甲向乙銀行貸款，甲除提供所有之A土地設定抵押權外，為擔保借款債權之目的，並設定地上權於乙銀行，甲、乙間自屬通謀虛偽之地上權之設定，A土地經法院拍賣，土地之拍定人丙得以此原因事實，以乙銀行為被告，訴請確認地上權不存在之訴[9]。

（二）優先購買權

土地法第104條第1項規定，基地出賣時，地上權人、典權人或承租人有依同樣條件優先購買之權。房屋出賣時，基地所有人有依同樣條件優先購買之權。其立法目的在使房屋與基地之所有權合歸於一人所有，使法律關係單純化，以盡經濟上之效用，並杜紛爭。故必須對於基地有地上權、典權或租賃關係存在，且地上權人、典權人或承租人於基地上有房屋之建築者，始有上開優先購買權規定之適用。乙銀行自設定地上權後，未曾在A土地上有建築物或其他工作物，縱使地上權設定非通謀虛偽意思表示，乙銀行雖在A土地上設定有地上權登記，惟未在該土地上有房屋之建築物或其他工作物，A土地經法院拍賣時，乙銀行就A土地自無土地法第104條

---

[9] 林洲富，實用強制執行法精義，五南圖書出版股份有限公司，2017年9月，12版1刷，頁197。

優先購買權之適用[10]。

二、辦理地上權登記請求權之時效

　　租用基地建築房屋者，承租人於契約成立後，得請求出租人為地上權之登記（民法第422條之1）。租用基地建築房屋，應由出租人與承租人於契約訂立後2個月內，聲請該管直轄市或縣（市）地政機關為地上權之登記（土地法第102條）。僅須當事人雙方訂有租地建屋之租賃契約，承租人即有隨時請求出租人就租用土地為地上權設定之權利，出租人有同為申請登記之義務[11]。因土地法第102條所定請求協同辦理地上權設定登記之請求權，有民法第125條所定消滅時效之適用，其請求權時效應自基地租賃契約成立時起算。準此，丁將其所有之B土地，出租與戊作為建築房屋之用，租期為20年，戊興建房屋之堪用年限為30年，倘戊欲於租賃期間屆滿後，繼續使用B土地，即應自契約成立15年內，請求丁會同辦理地上權設定登記。而戊於租用19年後，始請求出租人丁協同辦理地上權登記，丁以請求權已罹於時效，應認為有理由。

【習題34】

甲於乙之A土地上設有地上權，並建有房屋，嗣後發生地震，將該房屋震毀，試問甲是否得於A土地上重建房屋？
地上權之標的物為土地，故地上權不因建築物或其他工作物之滅失而消滅（民法第841條）。職是，甲得於A土地上重建房屋。

【習題35】

地上權設立後，地上權人有何種權利與義務？試說明之？
地上權人之權利有：(一)土地之使用收益。(二)相鄰權之行使。(三)地上權

---

[10] 臺灣高等法院臺中分院84年度重上字第58號民事判決。
[11] 最高法院67年台上字第1014號民事判例。

之處分。(四)取回工作物。(五)建築物之補償。(六)優先購買權。再者,地上權人之義務有:(一)支付地租。(二)返還土地。

第二項　區分地上權

民法物權編將地上權章分為普通地上權與區分地上權二節,區分地上權,除區分地上權節另有規定外,依其性質與普通地上權不相牴觸者,準用關於普通地上權之規定(民法第841條之6)。

例題33

甲所有A土地坐落乙所有A棟與B棟大樓之間,乙欲在A土地上方興建連接A棟與B棟大樓之空中走廊,作為通行之用途。試問乙應設定何種權利,始得興建該空中走廊?

壹、區分地上權之定義

所謂區分地上權者,係指在他人土地上下之一定空間範圍內設定之地上權(民法第841條之1)。職是,有鑑於科技與建築技術日新月異,土地之利用不再侷限於地面,其已逐漸向空中與地下發展,由平面化而趨向立體化,遂產生土地分層利用之結果,故有承認土地上下之一定空間範圍內,有設定地上權之必要,是民法物權編增設區分地上權之內容。

貳、區分地上權人之使用收益

一、內部關係

區分地上權呈現垂直鄰接狀態,具有垂直重力作用之特性,其與平面相鄰狀態關係不同。準此,區分地上權人得與其設定之土地上下有使用、收益權利之人,約定相互間使用收益之限制(民法第841條之2第1項

前段）。以處理區分地上權人與就其設定範圍外上下四周之該土地享有使用、收益權利之人相互間之權利義務關係。本項限制包含限制土地所有人對於土地之使用收益。例如，約定土地所有人或地上權人於地面不得設置何種類型之工作物。約定使用收益之限制，倘未經土地所有人同意者，其於使用收益權消滅時，土地所有人不受該約定之拘束（第1項後段）。

二、外部關係

（一）登記對抗主義

　　當事人間限制使用收益之約定，應經登記者，始生物權效力，否則不得對抗第三人（民法第841條之2第2項）。法院依第840條第4項規定，判決酌定區分地上權之延長期間，倘足以影響第三人之權利者，應併斟酌該第三人之利益（民法第841條之3）。再者，區分地上權之工作物為建築物，依第840條規定，以時價補償或延長期間，足以影響第三人之權利時，基於公平原則，應對該第三人為相當之補償。補償之數額以當事人協議定之，不能協議時，始得聲請法院裁定之，該裁定屬非訟事件之性質（民法第841條之4）。

（二）設定用益物權

　　區分地上權係就土地分層立體使用，故土地所有人於同一土地設定區分地上權後，自得再設定用益物權，基於物權之優先效力，同一土地有區分地上權與以使用收益為目的之物權同時存在者，其後設定物權之權利行使，不得妨害先設定之物權（民法第841條之5）。

【習題36】

土地所有人於同一土地設定區分地上權後，是否得再設定區分地上權予第三人？

不同之區分地上權人，其相互間之效力，依據成立之順序而定，先成立者優先於後成立者（民法第841條之5）。

第三節　農育權

研讀農育權之重點在於瞭解其定義、農育權人之權利、義務及消滅。

例題34

甲以其所有A土地為乙設定農育權，詎農育權人乙將土地一部或全部出租於丙。試問A土地所有人甲得否收回全部土地？理由為何？

例題35

丙將其所有B土地為丁設定農育權，期間為20年，地租年付新臺幣100萬元。丁使用B土地飼養乳牛，因經營不善，虧損累累，丁欲將該牧場轉讓於他人，卻乏人問津，丁迫於無奈於第5年向丙表示拋棄農育權。因經濟不景氣，丙認為另行出租或設定農育權均屬不易，故拒絕同意，試問丁得否拋棄農育權？依據為何？

壹、農育權之定義

　　稱農育權者，係指在他人土地為農作、森林、養殖、畜牧、種植竹木或保育之權（民法第850條之1第1項）。農育權之期限，原則上不得逾20年；逾20年者，縮短為20年。例外情形，係以造林、保育為目的或法令另有規定者，不受20年之限制（第2項）。農育權之成立不以支付地租為要件，此與地上權之成立相同。例如，甲每年支付新臺幣10萬元予乙，在乙之A土地上種植水稻，並設定農育權；或者丙無庸支付地租予丁，而在丁之B土地養殖牛群。

一、農育權係用益物權

農育權人利用他土地之目的,在於農作、森林、養殖、畜牧、種植竹木或保育,故為用益物權。所謂農作者,係指以定期收穫為目的,而勞力資本於他人之土地以栽培植物。所謂林地者,係指林地及其群生竹林、木之總稱(森林法第3條第1項)。所謂養殖或牧畜,係指以人工飼養繁殖牲畜或魚類而言。因農育權之設定,係限制土地所有權人對於土地之使用,故農育為限定物權。

二、農育權為定期或不定期之物權

農育權之期限,原則上不得逾20年;逾20年者,縮短為20年。例外情形,係以造林、保育為目的或法令另有規定者,則不受20年之限制。職是,農育權之設定可為定期或不定期。

三、農育權之成立不以支付地租為必要

農育權之設定,非限於有償,故不以支付地租為必要,有無約定地租之區別,在於拋棄農育權要件之區別(民法第835條第1項、第2項、第850條之9)。

貳、農育權之取得

農育權之取得有二:基於法律行為與基於法律行為以外之原因,前者如設定農育權(民法第758條)、農育權之讓與(民法第850條之3);後者如被繼承人有農育權,繼承人於繼承開始時,當然取得農育權。

參、農育權人之權利

一、土地之使用收益

農育權人固得占有他人土地,並於土地上為農作、森林、養殖、畜

牧、種植竹木或保育之使用，以獲得天然孳息。然農育權人不得將土地或
農育工作物出租於他人（民法第850條之5第1項本文）。所謂將土地出租
於他人，係指將土地基於租賃契約交予他人為使用收益而言，其僅訂有租
賃契約，而未將土地交與他人使用收益者，並無違反該項規定。

二、相鄰權之行使

　　農育權之目的在於使用土地，故農育權與土地所有人居於相同之地
位，民法第774條至第798條關於相鄰權之規定，於農育權人間或農育權人
與土地所有人間準用之（民法第800條之1）。例如，農育權人亦得向鄰地
所有人，主張袋地通行權。

三、物上請求權之行使

　　農育權人有使用他人土地之權利，故土地所有權人於農育權目的範圍
內，有容忍及不作為之義務。農育權之存在，不在調和土地之所有，其主
要機能在於係調節土地之利用，以提高土地現在或將來之利用價值，故農
育權人於農育權之設定目的範圍內，自可利用土地之全部。倘農育權人與
土地所有人之利用相衝突時，除契約另有約定外，應認農育權人有優先使
用之權利。因農育權為使用土地之物權，於其目的範圍內，有直接支配土
地之權。不僅土地所有人負有消極之義務，第三人亦不得妨害其權利。準
此，農育權人對於無權占有或侵奪其農育權者，得請求返還之。對於妨害
其農育權者，得請求除去之。有妨害其農育權之虞者，得請求防止之（民
法第767條第2項）。

四、農育權之處分

　　農育權非專屬之財產權，其自得自由處分之。故農育權人得將其權利
讓與（assign）他人或設定抵押權予他人（民法第850條之3第1項本文）。
因農育權而設置於土地上之農育工作物。例如，水塔、倉庫或農舍。其應
與農育權相互結合，始能發揮其經濟效益。農育權與其農育工作物不得分

離而為讓與或設定其他權利（第3項）。

五、取回出產物與農育工作物

　　農育權消滅時，農育權人得取回土地之出產物與農育工作物，此為農育權人之取回權（民法第850條之7第1項）。農育權人不於農育權消滅後1個月內取回其出產物與農育工作物，出產物與農育工作物歸屬於土地所有人。其有礙於土地之利用者，土地所有人得請求回復原狀。農育權人取回其出產物與農育工作物前，應通知土地所有人。土地所有人願以時價購買者，農育權人非有正當理由，不得拒絕（民法第850條之7第2項、第839條）。此為土地所有人對出產物與農育工作物之買取請求權。再者，農育權人之出產物未及收穫，且土地所有人亦不願以時價購買者，農育權人得請求延長農育權期間至出產物可收穫時為止，土地所有人不得拒絕。但延長之期限，不得逾6個月（民法第850條之7第3項）。

六、請求返還特別改良費用

　　農育權人於保持土地原有性質與效能外，其亦得為增加土地生產力或使用便利之特別改良（民法第850條之8第1項）。倘農育權人有將該特別改良事項及費用數額，以書面通知土地所有人，而土地所有人於收受通知後，不即為反對之表示者，農育權人於農育權消滅時，得請求土地所有人返還特別改良費用（第2項）。職是，農育權人請求返還特別改良費用之要件有二：(一)特別改良事項及費用數額之書面通知；(二)土地所有人於收受通知後不即為反對之表示。返還特別改良費用以現存之增價額為限，其請求權時效為2年（第3項）。

肆、農育權人之義務

一、支付地租

　　農育權之成立，不以支付地租為必要。倘農育權有支付地租之約定

者，原則上應依約給付。例外規定，係農育權人因不可抗力致收益減少或全無時，得請求減免其地租或變更原約定土地使用之目的（民法第850條之4第1項）。地租之約定經登記者，農育權讓與時，前農育權人積欠之租金應併同計算。受讓人就農育權人積欠之租金，應與讓與人連帶負清償責任（民法第836條第2項、第850條之9）。

二、禁止出租

農育權人雖得將其權利轉讓於他人，惟農育權人不得將土地或農育工作物出租於他人。例外情形，農育工作物之出租另有習慣者，從其習慣（民法第850條之3第1項）。農育權人違反前項開定者，土地所有人得終止農育權（第2項）。

三、返還土地

農育權消滅時，農育權人得取回土地之出產物與農育工作物，並應回復土地原狀，將土地返還於土地所有人（民法第850條之7第2項、第839條第1項）。

伍、農育權人之消滅

一、終止契約

農育權消滅之原因有終止契約與拋棄農育權。農育權消滅時，農育權人得取回其土地上之出產物及農育工作物，並應回復土地原狀。土地所有人以時價購買其出產物或農育工作物農者，農育權人不得拒絕（民法第850條之7第1項、第2項）。所謂終止農育權者，係指有法定事由，當事人一方得以意思表示向他方終止農育權契約。

（一）出租於第三人

農育權人將土地或農育工作物出租於他人，土地所有人得終止農育權（民法第850條之5第1項本文、第2項）。

（二）未定期限

農育權未定有期限時，除以造林、保育為目的者外，當事人得隨時終止之（民法第850條之2第1項）。而農育權以造林、保育為目的而未定有期限者，土地所有人或農育權人得請求法院斟酌造林或保育之各種狀況而定農育權之存續期間；或者於造林、保育之目的不存在時，法院得終止其農育權（民法第850條之2第3項）。

（三）不可抗力

農育權有支付租金之約定，農育權人因不可抗力致收益減少或全無時，農育權人不能依原約定目的使用者，當事人得終止之（民法第850條之4第1項、第2項）。而農育權無支付租金之約定，農育權人因不可抗力致收益減少或全無時，農育權人不能依原約定目的使用者，土地所有人得終止之（民法第850條之4第2項、第3項）。

（四）違反目的與方法

農育權人應依設定之目的及約定之方法，為土地之使用收益；未約定使用方法者，應依土地之性質為之，並均應保持其生產力或得永續利用（民法第850條之6第1項）。農育權人違反前項規定，經土地所有人阻止而仍繼續為之者，土地所有人得終止農育權（第2項）。

（五）積欠地租

農育權人積欠地租達2年之總額，除另有習慣外，土地所有人得定相當期限催告農育權人支付地租，倘農育權人於期限內不為支付，土地所有人得終止農育權（民法第836條、第850條之9）。

二、拋　棄

農育權無支付租金之約定者，農育權得隨時拋棄其權利（民法第834條、第850條之9）。農育權定有期限，而有支付租金之約定者，農育權人得支付未到期之3年分租金後，拋棄其權利。農育權未定有期限，而有支付租金之約定者，農育權人拋棄權利時，應於1年前通知土地所有人，或

支付未到期之1年分地租。因不可歸責於地上權人之事由，致土地不能達原來使用之目的時，地上權人於支付前2項地租1/2後，得拋棄其權利；其因可歸責於土地所有人之事由，致土地不能達原來使用之目的時，地上權人亦得拋棄其權利，並免支付地租（民法第835條、第850條之9）。

陸、農育權與耕地租賃之異同

	農育權	耕地租賃
相同處	1. 應自行利用土地，不得轉租 2. 因災害或其他不可抗力，得減免地租 3. 租欠地租達 2 年之總額，得終止契約	同左
相異處	物權	債權
	定期或不定期	租期至 6 年至 20 年
	得讓與，並得設定抵押權	無法讓與，亦不得設定抵押權
	地租約定經登記者，受讓人與讓與人連帶負清償責任	耕地租賃無法讓與，故無後手承擔欠租或命受讓人與讓與人連帶負清償責任
	有準用相鄰關係之規定	無明文準用相鄰關係之規定
	有償或無償	應支付地租

柒、例題解析

一、土地出租之禁止

　　農育權人不得將土地或農育工作物出租於他人（民法第850條之5第1項本文）。將土地一部或全部出租於他人，土地所有人得終止農育權。準此，甲以其所有A土地為乙設定農育權，倘乙將土地一部或全部出租於

丙，甲自得終止農育權，收回全部土地。

二、拋棄有償之定期農育權

　　農育權定有期限，而有支付租金之約定者，農育權人得支付未到期之3年分租金後，拋棄其權利（民法第835條第1項、第850條之9）。準此，丙將其所有B土地為丁設定農育權，期間為20年，地租年付新臺幣（下同）100萬元。丁於第5年向丙表示拋棄農育權，其得支付未到期之3年分租金300萬元後，拋棄農育權。

【習題37】

甲於乙之所有A土地上設定農育權，甲將部分土地出租予丙，是否構成終止農育權之事由？

農育權人將土地出租於他人，雖構成終止農育權之事由（民法第850條之5第2項）。全部或部分出租，在所不問。然甲與丙間僅訂有租賃契約，而未將土地交予丙使用收益者，尚未違反出租之規定（第1項）[12]。

【習題38】

丙將其所有B土地為丁設定農育權，期間為10年，地租年付新臺幣10萬元。丁使用B土地從事漁業養殖，丁得否於第9年向丙表示拋棄農育權？

丁所殘餘之農育權期限已不滿3年，不適用民法第850條之9、第835條第1項規定，丁僅應支付殘餘期間之2年地租即新臺幣20萬元。

---

[12] 最高法院32年上字第2305號民事判例。

第四節　不動產役權

　　本節目標在使研讀者瞭解不動產役權之定義、特性、時效取得、不動產役權人及供役不動產所有人之權利義務、不動產役權之消滅。本節探討之重點，在於不動產役權之名詞解釋。

例題36

　　甲於所有A土地上興建房屋，其逾20年之期間，雖藉由乙之所有土地對外通行，然未另行開設道路。試問甲是否因時效而在乙之土地取得通行不動產役權？理由為何？

例題37

　　丙之所有B土地與丁之所有C土地相鄰，因B土地不與公路相連接，丙經得丁同意後，設定以通行為內容之不動產役權，以便通行至公路。設定不動產役權後數年，政府開闢道路，B土地成為面臨公路之土地，丁認為丙無繼續使用C土地之必要，要求丙塗銷不動產役權登記。試問丙拒絕塗銷，丁有何救濟方法？

壹、不動產役權之定義

一、不動產役權之客體為不動產

　　所謂不動產役權者，係以他人不動產供自己不動產通行、汲水、採光、眺望、電信或其他以特定便宜用途為目的之物權（民法第851條）。職是，不動產役權係調節二宗不動產間之利用目的，故其成立須有二筆不動產之存在，自己受便宜之不動產稱為需役不動產，該土地所有人為不動產役權人；他人或自己供便宜之不動產，稱為供役不動產，該土地所有人

稱為供役不動產所有人。不動產役權係限制供役不動產所有權為內容之他物權，其為限定物權之一環。再者，因不動產役權多不具備獨占性，故不動產所有人於其不動產先設定不動產役權後，亦得再設定用益物權。基於物權之優先效力，同一不動產上有不動產役權與以使用收益為目的之物權同時存在者，其後設定物權之權利行使，不得妨害先設定之物權（民法第851條之1）。

二、不動產役權以他人不動產供自己不動產便宜之用途

（一）為需役不動產之所有人設定

不動產役權之成立，須有與供役不動產之存在，供役不動產提供需役不動產便宜使用，以增進不動產役權人之不動產價值。所謂便宜之意，係指便利相宜之利益而言，該利益包含經濟價值與精神價值。除法條所列示之通行、汲水、採光、眺望、電信等積極或消極等便宜類型外，其便宜事項，僅要不違反強行規定或公序良俗，當事人得自由約定。例如，使用供役不動產、收益供役不動產、避免相鄰關係之任意規定或禁止供役不動產為某種使用。

（二）供役不動產與供需役不動產可為同一人

不動產役權之標的不限於他人之不動產，其於自己所有之數筆不動產，亦有設定不動產地役權之必要性（民法第859條之4）。例如，建築商開發社區時，其通常涉及多數人就不動產之相互利用，為提高不動產之價值、預先設計社區之風貌或規劃公共設施，而對各宗不動產，以設定自己不動產役權之方式，預為規範，即可節省嗣後不動產交易成本，並維持不動產利用關係之穩定。

（三）為用益物權人或租賃關係設定

基於使用收益為目的之物權或租賃關係而使用需役不動產者，得為該不動產設定不動產役權（民法第859條之3第1項）。是設定不動產役權之人，不限於需役地之所有權人。前開不動產役權之設定，係用益物權人或

基於租賃關係而使用需役不動產者，為自己使用需役不動產之利益而設定，該不動產役權之存續應與原得使用需役不動產權利同（第2項）。職是，隨使用收益為目的之物權或租賃關係之消滅而歸於消滅。

貳、不動產役權之特性

一、從屬性

　　不動產役權具有從屬性，不動產役權從屬於需役不動產之所有權而存在，兩者同一命運。故不動產役權不得由需役不動產分離而為讓與，或為其他權利之標的物（民法第853條）。例如，不動產役權人不得自己保留需役不動產之所有權，而僅以不動產役權讓與他人。倘需役不動產所有權移轉或設定抵押權，除當事人另有約定外，不動產役權亦隨同移轉或為該抵押權所及之標的物（民法第862條第1項）。

二、不可分性

　　不動產役權利係供役不動產，以提高役地價值之權利，供役不動產之負擔係為需役不動產全部而存在，且不動產役權為達其設定之目的，自須利用供役不動產之全部。準此，不動產役權之發生、消滅及享有，其就需役不動產而言，均及於其全部，不得分割為數部分或僅為一部分而存在，此為不動產役權之不可分性。

（一）需役不動產分割

　　需役不動產經分割者，原則上其不動產役權，雖為各部分之利益，仍為存續，然不動產役權之行使，依其性質，祇關於需役不動產之一部分者，僅就該部分仍為存續（民法第856條）。例如，A土地之北面與B土地相鄰，為A地眺望之目的，禁止B地興建逾20公尺之建築物，嗣後A土地分割，北面部分分割予甲，南面部分分割予乙，是該項不動產役權僅為甲地存在，而與乙地無涉。

（二）供役不動產分割

供役不動產經分割者，原則上不動產役權就其各部分，雖仍為存續，然不動產役權之行使，依其性質，僅關於供役不動產之一部分，僅對於該部分仍為存續（民法第857條）。例如，C土地在D土地有通行不動產役權，並在其上設置道路，嗣後D土地分割成E與F兩土地，該道路位於E土地上，故C土地之不動產役權僅存續於E土地上。

三、不具獨占性

不動產役權對供役不動產不具排他之獨占性，故不動產役權設定後，供役不動產所有人僅於不動產役權行使必要範圍內，負容忍或消極不作為之一定義務，其於無礙不動產役權人權利行使範圍，供役不動產所有人之用益權仍繼續存在[13]。

參、不動產役權之取得

不動產役權之取得，有基於法律行為與基於法律行為以外之原因。前者有不動產役權之設定、不動產役權之讓與；後者則有取得時效與繼承。

一、時效取得之要件

欲以時效取得（acquirement of prescription）不動產役權，必須以繼續及表見者（continuous and apparent）為限（民法第852條第1項）[14]。例如，不得建築牆垣遮蔽窗戶光線與空氣之不動產役權，雖係繼續而不表見；而汲水不動產役權之行使，以不動產役權人每次之行為為必要，雖係表見而不繼續，其等均與民法第852條所定不動產役權因時效而取得之要件不合。因不動產役權係以他人土地之利用為其目的，而得直接支配土地

---

[13] 謝在全，民法物權中冊，自版，修訂3版，2004年8月，頁205。
[14] 最高法院32年上字第1527號民事判例。

之不動產物權，性質上僅為限制他人土地所有權之作用，而存在於他人所有土地之上，為調節土地間之利用關係，應以有繼續並表見利用他人土地之情形為限[15]。

（一）繼續性

所謂繼續性，係指不動產役權之行使繼續不斷，其內容之實現，無須每次有權利人之行為者。至於不繼續性，則指無一定設備，每次行使權利時，均須權利人之行為。例如，開設道路之通行，其具有繼續性；反之僅為空地，並無巷道或通行之痕跡，自無繼續性之事實可言[16]。

（二）表見性

所謂表見者，係指不動產役權之行使表現於外部者。例如，地面安設水管之引水行為，足以他人認識其內容，故具有表見性之事實甚明；反之，於地下埋設水管汲水，則不具有表見性。

二、時效取得之法律效果

（一）不以他人所有未經登記之不動產為限

不動產役權係以他人不動產之利用為其目的，而得直接支配該土地之一種不動產物權，性質僅為限制他人不動產所有權之作用，而存在於他人所有不動產之上，故有繼續並表見利用他人不動產之情形，即可因時效而取得不動產役權，並不以他人所有未經登記之不動產為限[17]。此與地上權之取得時效相同[18]。

（二）取得設定不動產役權之請求權

有繼續與表見之事實者，自得因時效取得不動產役權。就開設道路之

---

[15] 最高法院54年台上字第698號民事判例。

[16] 最高行政法院73年度判字第1271號行政判決。

[17] 最高法院54年台上字第698號民事判例。

[18] 最高法院60年台上字第4195號民事判例。

通行不動產役權而言，其每次行使權利，須有權利人之行為，且其權利之行使，能使人就外形之設施而認知其通行之內容，自屬繼續及表見之不動產役權，行為人自得因時效而取得。而因時效而取得不動產役權，僅取得設定不動產役權之請求權，倘未依法請求登記為不動產役權人，自不能本於不動產役權之法律關係，而向供役不動產所有人主張不動產役權（民法第769條、第770條）[19]。

（三）共有不動產之時效取得與中斷

不動產役權因時效而取得者，需役不動產為共有者，共有人中一人之行為，或對於共有人中一人之行為，為他共有人之利益，亦生效力（民法第852條第2項）。共有人之行為包含作為與不作為。而向行使不動產役權取得時效之各共有人為中斷時效之行為者，對全體共有人發生效力（第3項）。詳言之，供役不動產所有人為時效中斷之行為時，僅需對行使不動產役權時效取得進行中之各共有人為之，不需擴及未行使之其他共有人，即對全體共有人發生效力。反之，倘中斷時效非對行使不動產役權時效取得之共有人為之，自無法對其他共有人發生效力。

肆、不動產役權之法律關係

一、不動產役權人之權利義務

（一）供役不動產之使用

不動產役權係以他人不動產供自己便宜之用之權利，故不動產役權人依據不動產役權之設定或時效取得之內容與範圍，使用供役不動產。例如，通行不動產役權人，得於供役不動產上開設道路，俾於不動產役權人作為通行之用途。準此，不動產役權人應依設定之目的及約定之使用方

---

[19] 最高法院60年台上字第1677號、63年台上字第1235號、68年台上字第2994號民事判例。

法，為不動產之使用收益；未約定使用方法者，應依不動產之性質為之，並均應保持其得永續利用（民法第859條之2、第836條之2第1項）。約定之使用方法，非經登記，不得對抗第三人（第2項）。

（二）得為必要之行為

不動產役權人，因行使或維持其權利，得為必要之行為，但應擇於供役不動產損害最少之處所及方法為之（民法第854條）。例如，通行不動產役權人，雖得於供役不動產上開設道路，供通行之用，惟不得濫用該權利，應使供役不動產損失降低至最少，以符合比例原則。

（三）相鄰權之行使

不動產役權之目的在於使用不動產，故不動產役權與不動產所有人居於相同之地位，民法第774條至第798條關於相鄰權之規定，其於不動產役權人間或不動產役權人與土地所有人間準用之（民法第800條之1）。例如，不動產役權人亦得向鄰地所有人，主張袋地通行權。

（四）物上請求權之行使

不動產役權人有使用他人不動產之權利，故供役不動產所有權人於不動產役權目的範圍內，有容忍及不作為之義務。不動產役權之存在，不在調和不動產之所有，其主要機能在於調節不動產之利用，以提高需役不動產現在或將來之利用價值，故不動產役權人於不動產役權之設定目的範圍內，自可利用供役不動產之全部。倘不動產役權人與供役不動產所有人之利用相衝突時，除契約另有約定外，應認不動產役權人有優先使用之權利。因不動產役權為使用不動產之物權，於其目的範圍內，有直接支配供役不動產之權。不僅供役不動產所有人負有消極之義務，第三人亦不得妨害其權利。準此，不動產役權人對於無權占有或侵奪其不動產役權者，得請求返還之。對於妨害其不動產役權者，得請求除去之。有妨害其不動產役權之虞者，得請求防止之（第767條第2項）。

（五）取回設置

　　不動產役權消滅時，不動產役權人得取回其設置。但應回復供役不動產原狀。不動產役權人不於不動產役權消滅後1個月內取回其設置，設置歸屬於供役不動產所有人。其有礙於供役不動產之利用者，供役不動產所有人得請求回復原狀。不動產役權人取回其設置前，應通知供役不動產所有人。供役不動產所有人願以時價購買者，不動產役權人非有正當理由，不得拒絕（民法第859條之1、第839條）。

二、供役不動產所有人之權利義務

（一）容忍與不作為義務

　　需役不動產之不動產役權人有使用供役地之權利，故供役不動產所有權人於不動產役權目的範圍內，有容忍與不作為之義務。詳言之，在積極不動產役權，供役不動產所有人負有容忍不動產役權人為一定行為之義務。在消極不動產役權，供役不動產所有人則負有不為一定作為之義務。

（二）使用不動產役權人之設置

　　不動產役權人因行使權利而為設置者，有維持其設置之義務；其設置由供役不動產所有人提供者，不動產役權人亦有維持該設置之義務（民法第855條第1項）。供役不動產所有人於無礙不動產役權行使之範圍內，得使用前開之設置，並應按其受益程度，分擔維持其設置費用，以符合公平（第2項）。

（三）變更行使不動產役權之處所或方法

　　供役不動產所有人或不動產役權人因行使不動產役權之處所或方法有變更之必要，而不甚妨礙不動產役權人或供役不動產所有人權利之行使者，得以自己之費用，請求變更之（民法第855條之1）。

（四）對價之請求

　　不動產役權之成立，不以有償為必要，此與地上權之成立相同。倘不動產役權之約定為有償時。例如，約定租金或使用費。則供役不動產所有

人，自有向需役不動產所有人請求對價之權利。而需役不動產所有權讓與時，已預付之租金，非經登記，不得對抗第三人（民法859條之2、第836條之1）。

伍、不動產役權之消滅

不動產役權消滅之原因除存續期間屆滿外，拋棄不動產役權、終止不動產役權及法院宣告不動產役權消滅，亦為消滅之原因。

一、拋棄不動產役權

不動產役權無支付租金之約定者，不動產役權得隨時拋棄其權利（民法第834條、第859條之2）。不動產役權定有期限，而有支付租金之約定者，不動產役權人得支付未到期之3年分租金後，拋棄其權利（民法第859條之2、第835條第1項）。不動產役權未定有期限，而有支付租金之約定者，不動產役權人拋棄權利時，應於1年前通知供役不動產所有人，或支付未到期之1年分租金（第2項）。因不可歸責於不動產役權人之事由，致供役不動產不能達原來使用之目的時，不動產役權人就定期不動產役權支付1年6個月租金或就不定期不動產役權支付6個月租金，得拋棄其權利（第3項前段）；其因可歸責於供役不動產所有人之事由，致供役不動產不能達原來使用之目的時，不動產役權人亦得拋棄其權利，並免支付租金（第3項後段）。

二、終止不動產役權

（一）積欠租金

不動產役權人積欠租金達2年之總額，除另有習慣外，不動產役權人得定相當期限催告不動產役權人支付租金，如不動產役權人於期限內不為支付，供役不動產所有人得終止不動產役權。所謂積欠租金達2年之總額，係指歷年所累積之積欠租金而言（民法第859條之2、第836條第1

項）。供役不動產所有人終止不動產役權，應向不動產役權人以意思表示為之（第3項）。租金之約定經登記者，不動產役權讓與時，前不動產地役權人積欠之租金應併同計算。受讓人就前不動產地役權人積欠之租金，應與讓與人連帶負清償責任（第2項）。

（二）違反設定或約定使用方法

不動產役權人應依設定之目的及約定之使用方法，為供役不動產之使用收益；未約定使用方法者，應依供役不動產之性質為之，並均應保持其得永續利用（民法第859條之2、第836條之2第1項）。不動產役權人違反設定之目的及約定之使用方法或供役不動產之性質者，經供役不動產所有人阻止而仍繼續為之者，供役不動產所有人得終止不動產役權（民法第836條之3）。

三、法院宣告不動產役權消滅

不動產役權之全部或一部無存續之必要時，法院因供役不動產所有人之請求，得就其無存續必要之部分，宣告不動產役權消滅（民法第859條第1項）。例如，需役土地因政府發布為都市細部計劃區，四週道路均已闢建完成，通行不動產役權則無繼續存在之必要，倘不動產役權人不同意塗銷不動產役權之登記時，供役不動產所有人得聲請法院為不動產役權消滅之宣告。再者，不動產役權亦因需役不動產滅失或不堪使用而消滅（第2項）。

陸、例題研析

一、不動產役權之時效取得

不動產役權以繼續及表見者為限，因時效而取得（民法第852條第1項）。不繼續或不表見者，無法因時效取得地上權。甲於其所有土地興建房屋，雖逾20年之期間，均通行乙之所有土地，然未另行開設道路，其每

次行使權利，須有甲之行為，且其權利之行使，不能使人就外形之設施而有所認知，自非繼續及表見之不動產役權，故無從因時效而取得通行不動產役權。

二、不動產役權之宣告消滅

不動產役權無存續之必要時，法院因供役不動產所有人之聲請，得宣告不動產役權消滅（民法第859條第1項）。詳言之，不動產役權設定後，因情事變更，致供役不動產對需役不動產已無所謂便宜之用途，倘令供役不動產受不動產役權之限制，影響供役不動產之利用，反而有背不動產役權制度之本旨。準此，丙之所有B土地與丁之所有C土地相鄰，B土地原本不與公路相連接，丙、丁乃設定以通行為內容之不動產役權，以便B土地通行至公路。嗣後政府開闢道路，B土地成為面臨公路之土地，已非袋地，故丙並無繼續使用C土地通地之必要性，丙拒絕塗銷不動產役權登記，丁得以丙為被告，訴請法院宣告B土地對於C土地之不動產役權消滅。

【習題39】

甲於乙之所有A土地開設道路之通行，其繼續通行逾20年，試問甲得否本於不動產役權之法律關係，主張其就A土地有通行權？
因時效完成而取得不動產役權，未依法請求登記為不動產役權人，仍不能本於不動產役權之法律關係，主張不動產役權[20]。

【習題40】

不動產役權有何特性？試分別說明之。
不動產役權有如後特性：(一)從屬性。(二)不可分性。(三)不具獨占性。

---

[20] 最高法院60年台上字第1677號民事判例。

第五節 典 權

本節目標在使研讀者瞭解研讀典權之重點在於瞭解典權之定義、取得、期限、典權人之權利與義務、出典人之權利與義務、典物之回贖、找貼、典權與抵押權之相異處及典權與買回之相異處。臺灣設定典權登記筆數不多，該制度已逐漸式微，本節探討焦點在於典權定義之解釋及典權與抵押權之比較。

例題38

甲將其所有A土地為乙設定典權，嗣後再將A土地為丙設定抵押權，因甲不依約履行抵押債務，丙向法院聲請拍賣抵押物，經法院拍賣而由丁得標，拍定人丁取得A土地後，請求乙返還土地，因乙主張其為典權人，拒絕歸還A土地。試問乙是否有返還之義務？理由為何[21]？

例題39

戊於1971年間提供所有B土地與己設定典權，約定期限20年，嗣於1986年間，戊之債權人庚聲請法院假扣押典地，延至1994年間，戊之債權人庚持終局執行名義聲請調卷拍賣遭假扣押之B土地，己則以戊並未於典期屆滿後2年內以原典價回贖，其己取得B土地之所有權為由，提起異議之訴，主張庚不得向法院聲請拍賣B土地。試問己之起訴，是否有理由？

---

[21] 陳美伶、李太正、陳連順，民法入門，元照出版有限公司，2002年9月，4版1刷，頁491-492。

壹、典權之定義

一、典權在他人不動產而為使用收益之權

所謂典權者，係指支付典價在他人之不動產為使用及收益，於他人不回贖時，取得典物所有權（民法第911條）。設定典權之人為出典人（dian-maker），取得典權之人為典權人（dian-holder）。典權為我國固有制度，其目的在調和出典人融通資金與典權人使用收益之關係，其使出典人取得接近賣價之典價，而無須出賣典物。就典權人而言，雖無取得所有權之名，仍有取得所有權之實，因典權內容豐富，近似所有權，日後則有取得所有權之期待權[22]。因典權之標的物兼指土地及其定著物，以土地為標的物者，稱為典地；以房屋為標的物者，稱為典房。典權係以使用收益他人不動產為目的，故必須占有典物為必要，其為用益物權。至於使用收益之內容為何，法律並無限制。

二、典權以支付典價為要件

典權人支付之典價為取得典權之對價，典權之成立必須有償，故以支付典價為要件。倘不支付典價而無償用益他人之不動產，僅能成立使用借貸關係，無法成立典權。一般而言，典價大抵為典物賣價之50%至80%之間。典權人於出典人未行使回贖權時，取得典物所有權。

貳、典權之取得

一、法律行為

基於法律行為取得典權者，係指典權之設定、轉典及典權之讓與。其等均須以書面為之，並經登記，始生效力（民法第758條）。轉典係增加典權人，在典物再設定新典權；而讓與則為變更典權人，兩者有所區別。

---

[22] 鄭玉波，民法物權，三民書局股份有限公司，1989年2月，修訂13版，頁137。

二、繼　承

　　典權並非專屬性之財產權，自得為繼承之標的，惟非經繼承登記，不得處分（民法第759條）。例如，繼承人欲讓與繼承之典權予他人，必須經宣示登記，否則無法移轉典權與他人。

參、典權之期限

一、有期限物權

　　典權約定期限不得逾30年，逾30年者縮短為30年（民法第912條）。倘典權未定期限者，出典人得隨時以原典價回贖典物。但自出典後經過30年不回贖者，典權人取得典物所有權，未定其限之典權，不得逾30年甚明（民法第924條）。

二、絕賣約款之期限

　　典權之約定期限不滿15年者，不得附有到期不回贖（redemption）即作絕賣約款，其目的在於防杜典權人乘出典人之急迫，約定短促之典期，藉以保護出典人之利益（民法第913條第1項）。典權附有絕賣約款，出典人於典期屆滿，不以原典價回贖時，典權人取得典物之所有權（第2項）。絕賣條款未經登記，不得對抗第三人（第3項）。

肆、典權人之權利與義務

一、不動產之使用收益

　　典權為占有典物而為使用及收益之權利，故典權人於典權存續中，典權人得將典物轉典或出租於他人。但另有約定或另有習慣者，依其約定或習慣（民法第915條第1項）。典權定有期限者，其轉典或租賃之期限，不得逾原典權之期限，未定期限者，其轉典或租賃，不得定有期限（第2項）。典物經出典人回贖後，第三人與典權人所訂之租約，對於出典人，

自無適用民法第425條規定，主張繼續存在之餘地[23]。典權人對於典物因出租所受之損害，負賠償責任（民法第916條）。

二、相鄰權之行使

典權人占有他人之不動產而為使用及收益，其與土地所有人居於相同之地位，自得準用相鄰關係規定，即民法第774條至第800條規定，典權人間或典權人與土地所有人間準用之（民法第800條之1）。例如，典權人得對鄰地所有權人主張袋地通行權（民法第787條）。

三、重建或修繕權

典權存續期間，典物因不可抗力致全部或一部滅失者，典權人，除經出典人同意外，僅得於滅失時滅失部分之價值限度內為重建或修繕。原典權對於重建之物，視為繼續存在（民法第921條）。典權人違背該項規定而為重建或修繕，則於典物回贖時，不得請求償還限度以外之費用。因典物滅失受賠償而重建者，原典權對於重建之物，視為繼續存在（民法第922條之1）。例如，典物因風災所毀，其市價約新臺幣（下同）10萬元，典權人得於該數額內，任意重建。倘典權人如欲以12萬元重建，則非經出典人同意，不得於回贖，請求償還逾10萬元以外之費用。

四、處分典權

（一）轉　典

1. 轉典之限制

典權存續期間，典權人得將典物轉典於他人。但另有約定或另有習慣者，依其約定或習慣（民法第915條第1項）。典權定有期限者，其轉典之期限，不得逾原典權之期限，未定期限者，其轉典不得定有期限（第2項）。轉典之典價，不得超過原典價（第3項）。土地及其土地上之建築

---

[23] 最高法院45年台上字第841號民事判例。

物同屬一人所有，而為同一人設定典權者，典權人就該典物不得分離而為轉典或就其典權分離而為處分（第4項）。例如，出典人甲以土地為乙設定典權，典價新臺幣（下同）100萬元，典期自2001年1月1日起至2020年12月31日止。典權人乙於2005年1月1日，將該典物以80萬元之典價，設定典權於丙，典期至2020年12月31日止，並將典物交付於丙使用收益，此時丙為轉典權人，乙為轉典人。

2. 轉典之責任

典權人對於典物因轉典所受之損害，負賠償責任（民法第916條），此為無過失之損害賠償責任，賠償金額不以典價為限。轉典為典權之再設定，轉典權亦為物權之一種，原典權人於取得典物所有權後，轉典權人之權利，仍有效存在。此際原典權人對於轉典權人言，其地位與出典人無異，而轉典權人對於原典權人取得之權利，亦與典權人相同。職是，出典人及原典權人均逾期不回贖時，轉典權人取得典物之所有權[24]。

（二）讓 與

典權非專屬性之財產權，典權人得將典權讓與他人或設定抵押權（民法第917條第1項）。典物為土地，典權人在其上有建築物者，其典權與建築物，不得分離而為讓與或其他處分（第2項）。典權受讓應以書面為之及經登記，始生效力（民法第758條）。而民法第915條所定之轉典，係指典權人於典權存續期間內，以自己之責任，逕將典物另為他人設定新典權。讓與及轉典之性質並不相同，詳言之，典權一經讓與，受讓人對於出典人，取得與典權人同一之權利，其承受典權人對於出典人之同一義務，而原典權人則脫離典權之關係。至於轉典者，係典權人另設定一典權，典權人不脫離其原有之典權關係。

---

[24] 最高法院81年台上字第299號民事判例。

五、出租權

典權存續期間，典權人得將典物出租於他人。但另有約定或另有習慣者，依其約定或習慣（民法第915條第1項）。典權定有期限者，其出租之期限，不得逾原典權之期限，未定期限者，其租賃不得定有期限（第2項）。

六、典物之留買權

出典人於典權設定後，得將典物之所有權，讓與他人。典權人對於典物之受讓人，仍有同一之權利（民法第918條）。出典人將典物出賣於他人時，典權人有以相同條件留買之權，此為典權人之留買權（第919條第1項）。出典人應以書面通知典權人有關典物出賣他人之事。典權人於收受出賣通知後10日內，不以書面表示依相同條件留買者，其留買權視為拋棄（第2項）。出典人違反通知義務而將所有權移轉者，其移轉不得對抗典權人（第3項）。故留買權具有物權效力，出典人違反通知義務而將典物之所有權讓與他人時，典權人得主張他人受讓典物所有權之契約為無效。

七、優先購買權

典權人承典基地建築房屋者，基地出賣時，典權人有依同樣條件優先購買之權（土地法第104條第1項）。具有優先購買權之典權人，其於接到出賣通知後10日內不表示者，其優先權視為放棄（第2項）。出賣人未通知優先購買權人而與第三人訂立買賣契約者，其契約不得對抗優先購買權人，因此項優先購買人有物權效力（第3項）。

八、保管典物與損害賠償

典權存續期間，典權人負有保管義務，因典權人之過失，致典物全部或一部滅失者，典權人於典價額限度內，負其責任。但因故意或重大過失，致滅失者，除將典價抵償損害外，如有不足，仍應賠償（民法第922條）。例如，典權人甲典受乙之A屋，典價新臺幣（下同）100萬元，嗣

因甲之重大過失燒毀A屋，A屋之市價為150萬元，甲除將已付之典價，全部抵償外，尚須補償50萬元。反之，僅為一般過失者，甲僅就100萬元之額度負賠償責任，無須另賠償50萬元。

九、分擔損失

　　典權存續期間，典物因不可抗力致全部或一部滅失者，就其滅失之部分，典權與回贖權，均歸消滅，此為典權人之危險分擔義務（民法第920條第1項）。前開情形，出典人就典物之餘存部分，為回贖時，得由原典價扣除滅失部分之典價。其滅失部分之典價，依滅失時滅失部分之價值與滅失時典物之價值比例計算之。例如，甲將其所有房屋以新臺幣（下同）100萬元之典價，出典於乙，因地震之故，導致房屋半燬，其滅失價值為300萬元，該滅失部分為150萬元。出典人甲回贖之金額，須支付典權人50萬元（計算式：滅失部分典價為100萬元×150萬元÷300萬元＝50萬元，原典價100萬元扣除滅失部分典價50萬元，回贖金額為50萬元）。

十、典物之返還

　　典權人於典權消滅時，除典權滅失或典權人因找貼等原因而取得典物所有權外，應將典物返還於出典人，如為典地時，典權人於該土地設有工作物者，典權人於返還典物時，應取回其工作物，負回復原狀之義務。

十一、繳納稅捐

　　地價稅向所有權人徵收之，其設有典權之土地，由典權人繳納（土地法第172條第1項）。規定地價後10年屆滿，或實施工程地區5年屆滿，而無移轉之土地，其增值稅向土地所有權人徵收之（土地法第183條第1項）。前項土地設有典權者，其增值稅得向典權人徵收之。但於土地回贖時，出典人應無息償還（第2項）。建築改良物稅之徵收，其於徵收地價稅時為之，並適用土地法第172條規定（土地法第186條）。

十二、支付典價之義務

應典權之成立，必須支付典價，故典權人因典權之設立，負有支付典價之義務。而典價之支付與典物之交付間，並無同時履行抗辯之問題[25]。

十三、租賃關係之推定

土地及其土地上之建築物同屬一人所有，而僅以土地設定典權者，典權人與建築物所有人間，推定在典權或建築物存續中，有租賃關係存在（民法第924條之2第1項前段）。其僅以建築物設定典權者，典權人與土地所有人間，推定在典權存續期間，有租賃關係存在（第1項中段）。其分別設定典權者，典權人相互間，推定在典權均存續期間，有租賃關係存在（第1段後段）。倘當事人就租金數額不能協議時，得請求法院以判決定之（第2項）。前開設定典權者，典權人依第913條第2項之絕賣條款、第923條第2項之定期典期、第924條之不定期典權等規定，取得典物所有權，致土地與建築物各異其所有人時，準用第838條之1之法定地上權。

伍、出典人之權利與義務

一、所有權讓與

出典人於典權設定後，典權人固有使用收益權，出典權亦得將典物之所有權，讓與他人（民法第918條第1項）。典權人對於該典物出賣，則有留買權（民法第919條）。

二、設定抵押權

典權為用益物權，是不動產所有人於同一不動產設定典權後，在不妨害典權之範圍內，仍得為他人設定抵押權。因抵押權人不須占有典物，不妨礙典權人之用益權（民法第882條）。

---

[25] 王澤鑑，民法物權第2冊，用益物權・占有，自版，2003年10月，再刷，頁113。

三、典物回贖

出典人於得回贖之期間內,向典權人提出原典價,向典權人表示回贖典物之意思表示,此為典物回贖權利,其性質為形成權,故回贖權之行使,係典權之消滅原因之一。而經轉典之典物,出典人向典權人為回贖之意思表示時,典權人不於相當期間向轉典權人回贖並塗銷轉典權登記者,出典人得於原典價範圍內,以最後轉典價逕向最後轉典權人回贖典物(民法第924條之1第1項)。出典人向最後轉典權人回贖典物時,轉典價低於原典價者,典權人或轉典權人得向出典人請求原典價與轉典價間之差額。出典人並得為各該請求權人提存其差額(第2項)。再者,出典人有下列情形,得向最後轉典權人回贖典物:(一)典權人預示拒絕塗銷轉典權登記。(二)典權人行蹤不明或有其他情形致出典人不能為回贖之意思表示(第3項)。例如,甲將其所有A土地以新臺幣(下同)100萬元出典予乙,乙以80萬元轉典予丙,甲以80萬元向丙回贖時,乙之典權與丙之轉典權均歸消滅,乙得向甲請求返還典價差額10萬元,甲亦可為乙提存10萬元。

四、費用之償還

典權人因支付有益費用,使典物價值增加,或依第921條規定,重建或修繕者,於典物回贖時,得於現存利益之限度內,請求償還(民法第927條第1項)。第839條規定之取回工作物、回復原狀及時價購工作物,其於典物回贖時準用之(第2項)。典物為土地,出典人同意典權人在其上營造建築物者,除另有約定外,其於典物回贖時,應按該建築物之時價補償之。出典人不願補償者,而於回贖時視為已有地上權之設定(第3項)。出典人願依前開規定為補償而就時價不能協議時,得聲請法院裁定之;其不願依裁定之時價補償者,其於回贖時亦視為已有地上權之設定(第4項)。視為已有地上權設定之情形,其地租、期間及範圍,當事人不能協議時,得請求法院以判決定之(第5項)。

陸、典物之回贖

一、回贖定義

典權定有期限者，於期限屆滿後，出典人得向典權人表示回贖（redeem）之意思，並提出原典價回贖典物（民法第923條第1項）。此為出典人之權利，而非義務，典權人對於出典人並無備價回贖之請求權。

二、回贖期限

出典人於典期屆滿後，經過2年，不以原典價回贖者，典權人即取得典物所有權（民法第923條第2項）。該2年期間為回贖權之除斥期間，此項期間經過時，回贖權絕對消滅，不得因當事人之行為使之回復。典權未定期限者，出典人得隨時以原典價回贖典物。倘自出典後經過30年不回贖者，典權人即取得典物所有權（民法第924條）。出典人雖有回贖權，惟有一定期間之限制。故出典人之回贖，應於6個月前，先行通知典權人（民法第925條）。

三、回贖權消滅或減損

典權存續期間，典物因不可抗力致全部或一部滅失者，就其滅失之部分，典權與回贖權，均歸消滅（民法第920條第1項）。出典人就典物之餘存部分，為回贖時，得由原典價扣除滅失部分之典價。其滅失部分之典價，依滅失時滅失部分之價值與滅失時典物之價值，依比例計算之（第2項）。

柒、典物之找貼

所謂找貼者，係指出典人於典權存續中，表示讓與其典物之所有權於典權人者，典權人得按時價找貼，取得典物所有權，藉以消滅典權（民法第926條第1項）。找貼之金額，大致上為時價扣除典價之差價。因找貼具

有買賣之性質，必須基於出典人與典權人之合意，故同一當事人無法重複買賣，故以一次為限（第2項）。

捌、典權與抵押權之相異處

	典　權	抵押權
權利屬性	典權為用益物權，其為獨立發生之權利	抵押權為擔保物權，係以主債權之存在為前提
占有與否	典權係以他人土地為收益，故以占有典物為要件	抵押權之標的物，不移轉占有
責任限度	抵押權之主債務人，就拍賣抵押物不足之部分，負有清償之義務	典物因不可抗力致全部或一部滅失者，出典人就滅失之部分，無補充之義務

玖、典權與買回之相異處[26]

	典　權	買　回
權利屬性	物權	債權
標的物	不動產	動產與不動產
所有權移轉	不移轉所有權	移轉所有權
期限	典權期限不得逾 30 年	買回期限不得逾 5 年
性質	典物回贖係回復所有權之原狀	買回係所有權之再取得

---

[26] 許文昌，民法物權表解，文笙書局股份有限公司，1990年6月，4版，頁46-47。

拾、例題解析

一、典物之設定抵押權

出典人於典權設定後，得將典物讓與他人，而典權人不受影響（第2項）。法條雖僅言出典人得讓與所有權，惟舉重以明輕，出典人自得設定抵押權[27]。準此，甲將其所有A土地為乙設定典權，在不妨害典權之範圍內，仍得將A土地為丙設定抵押權。因甲不依約履行抵押債務，丙自得向法院聲請拍賣抵押物，經法院拍賣而由丁得標，拍定人丁雖取得A土地，惟典權人乙對於典物之受讓人丁，仍具有同一之權利，此為典權之追及效力。故丁請求乙返還土地，乙得主張其為典權人，拒絕歸還A土地。

二、定期典權之回贖期限

出典人於典期屆滿後，經過2年，不以原典價回贖者，典權人即取得典物所有權（民法第923條第2項）。此種取得典物之所有權，通說係屬原始取得，並非基於出典人之移轉行為而取得，自不因該土地被查封而受影響。準此，戊於1971年間提供所有B土地與己設定典權，約定期限20年，嗣於1986年間，戊之債權人庚聲請法院假扣押該典地，至1994年間，戊之債權人庚始持終局執行名義聲請調卷拍賣遭假扣押之B土地，因戊並未於典期屆滿後2年內以原典價回贖，典權人己自得以出典人戊逾期不贖為由，主張其已取得B土地之所有權[28]。己依法取得典物之所有權，出典人之債權人庚對B土地執行，己得以土地所有人之身分，依據強制執行法第15

---

[27] 大法官會議第139號解釋：典權乃支付典價，占有他人之不動產，而為使用收益之權，與抵押權之係不移轉占有，有擔保債務之履行而設之擔保物權，其性質並非不能相容。不動產所有人於同一不動產設定典權後，其所有權尚未喪失，在不妨害典權之範圍內，再與他人設定抵押權，民法物權編既無禁止規定，自難認為不應准許。

[28] 司法院第3期司法業務研究會，民事法律問題研究彙編，3輯，頁500。

條規定，提起異議之訴以排除強制執行B土地[29]。

【習題41】

甲將其所有A土地出典於乙，典期為30年，乙於該期間將A土地轉典於丙，典期20年，乙與丙之典期均已到期，而無人回贖典物，試問何人取得A土地之所有權？

出典人甲逾期不回贖典物，典權人乙即取得典權之所有權（民法第923條第2項、第924條但書）。轉典人乙逾期不回贖典物，轉典權人丙即取得典權。準此，出典人甲與轉典人乙均不回贖典物時，則由轉典權人丙取得A土地之所有權。

【習題42】

試說明典權消滅之原因？

一般物權共通者有：(一)標的物滅失。(二)標的物之徵收。(三)混同。(四)拋棄。再者，特別消滅原因有：(一)絕賣條款之實現（民法第913條）。(二)留買之成立（民法第919條）。(三)回贖權之行使（民法第923第1項）。(四)逾期不贖（民法第923條、第924條但書）。(五)找貼（民法第926條第1項）。

---

[29] 林洲富，實用強制執行法精義，五南圖書出版股份有限公司，2017年9月，12版，頁123。

第四章　擔保物權

　　完備之擔保制度，得提供資金籌措之途徑，其有助融資市場之活絡，以建立有利之投資環境，其屬創造經濟效益之重要法制[1]。民法物權編設有抵押權、質權及留置權三種類型之擔保物權。其他法律規範擔保物權者，有民用航空法之航空器抵押、海商法之船舶抵押及動產擔保交易法之動產抵押權、附條件買賣及信託占有。本章論述重點在於民法物權所規範之擔保物權。

第一節　概　說

　　本節目標在使研讀者瞭解擔保物權的定義與種類，進而比較其等之異同。

例題40

　　甲航運公司為經營航運事業，亟須資金週轉，因其名下並無不動產。試問得否以其所有A輪船為乙銀行設定抵押權，以取得事業所須資金？

壹、擔保物權之定義

　　擔保物權者，係以擔保債務之履行為目的，而於債務人或第三人之特定物或權利上所設定之限定物權。擔保物權藉由支配擔保物之價值，以確保債權之清償，亦稱價值權，其有助資金之融通，故與市場經濟活動具有

---

[1]　謝在全，債權質權之展望（上），司法周刊，1336期，2-3版，2007年5月3日。

密切之關係[2]。

一、擔保物權以確保債權受清償為目的

擔保物權，係藉由取得標的物之交換價值，以確保債權受清償，故亦稱價值權。擔保物權之功能，在於確保債權之經濟價值，原則須以債權之存在為前提。所謂債權之存在，係指擔保物權之實行時，必須有債權之存在，此為擔保物權之附屬性。

二、擔保債權之標的物存在於特定物或權利

擔保物權之標的物，須為特定物或權利，倘無法確定，則無從換價以滿足所擔保之債權。該特定物或權利，不限為債務人所有，亦得為第三人提供設定擔保物權。例如，甲向乙銀行借款新臺幣100萬元，甲之父丙提供其所有之A土地為乙銀行設定抵押權，其擔保乙對甲之借款債權。

三、擔保物權係具有擔保作用之限定物權

擔保物權有優先清償效力與留置效力：(一)優先清償效力，係指擔保物權係優先支配標的物之交換價值，其於擔保債權屆期未受清償時，擔保物權人得行使換價權，將標的物換價所得價值優先清償債務，抵押權為典型代表。(二)留置效力，係指債務未全部清償前，擔保債權人得留置標的物，以迫其清償債務，此以留置權為典型代表。不論為對標的物之交換價值或占有權能之支配，其與所有權之權能相較，僅屬限定物權[3]。

貳、擔保物權之特性

一、價值權性

所謂擔保物權者，係以優先支配標的物之交換價值為主要與基本內

---

[2]　王澤鑑，民法概要，自版，2003年10月，5刷，頁565。

[3]　謝在全，民法物權中冊，自版，修訂3版，2004年8月，頁346-347。

容，擔保物權人於擔保債權屆期未受清償時，得行使其對標的物之換價權，以達到優先受償之目的。故擔保物權為價值權，其與用益物權本質為利用權，兩者顯有不同。

二、從屬性

擔保物權係擔保債權之限定物權，其成立必須以債權之成立為前提，故擔保債權須從屬於債權存在，其發生、移轉及消滅，均從屬於所擔保之債權。

三、不可分性

擔保債權未受全部清償前，擔保債權人得就擔保物之全部行使權利，不因一部清償，而使擔保債權之範圍縮減，此稱擔保債權之不可分性。

四、物上代位性

擔保物因滅失或毀損而受有賠償者，該賠償金成為擔保物之代替物，擔保效力存在賠償金之上，擔保物權人得就該代替物行使擔保物權，此為擔保物權之物上代位性。

參、民法物權編之擔保物權種類

	抵押權	質　權	留置權
標的物	不動產抵押：所有權	動產質權：所有權	動產之所有權
	權利抵押：以農育權、地上權、典權為客體而設定抵押權	權利質權：以債權與其他可讓與之權利為客體而設定抵押權	
發生	意定與法定	意定	法定
占有與否	不占有標的物	動產質權應占有，權利質權不須占有	占有標的物

肆、例題解析—船舶抵押權

　　海商法之船舶抵押權為民法之抵押權的特別法，自應優先適用。船舶抵押權者，係指債務人或第三人不移轉占有而提供船舶作債權之擔保，除海商法另有規定外，得就其賣得價金，優先受償之權利。船舶抵押權之設定，應以書面為之，此為要式行為，未以書面為之，即屬無效（海商法第33條）。船舶抵押權之設定，非經登記，不得對抗第三人（海商法第36條）。故船舶抵押權之設定，以登記為對抗要件，其與不動產抵押權之設定，以登記為生效要件（come into effect），兩者有所不同。甲航運公司為經營航運事業，其雖無不動產得設定抵押，惟其得以所有A輪船為乙銀行設定船舶抵押權作為擔保，俾於取得資金周轉。

【習題43】

信託人甲供給受託人乙資金，並以原供信託之動產標的物所有權為債權之擔保，試問甲是否應占有供信託之動產？

動產擔保交易法創設動產抵押權、附條件買賣及信託占有三種不占有標的物之制度。動產抵押權為限定型擔保物權，標的物所有權仍屬設定人所有。而附條件買賣及信託占有為權利移轉型擔保物權，標的物之所有權或權利本體已移轉於擔保權人。所謂信託占有者，係指信託人供給受託人資金或信用，並以原供信託之動產標的物所有權為債權之擔保，而受託人依信託收據占有處分標的物之交易（動產擔保交易法第32條）。

第二節　抵押權

　　民法物權編所規範之抵押權類型有三：普通抵押權、最高限額抵押權及其他抵押權。而海商法有船舶抵押權、民用航空法有航空器抵押、動產擔保交易有動產抵押權之規定。

第一項　普通抵押權

　　本項目標在使研讀者瞭解普通抵押權之定義、抵押權之特性、抵押權之取得、抵押權之範圍、抵押權之實行、抵押人權利、抵押權人之權利、抵押權之消滅及法定地上權。本項探討之焦點在於抵押權之定義、抵押權之特性、不動產抵押權之設定、抵押權對抵押人與抵押權人之效力、抵押權擔保債權之範圍。

例題41

　　甲向乙借款新臺幣（下同）100萬元，並提供其所有A土地與B建物為乙設定抵押權，作為擔保借款債權用途，已設定抵押權之A土地被徵收時。試問B建物部分之自動拆遷獎勵金，是否為抵押權效力所及而優先受償？

例題42

　　丙向丁與戊各借款新臺幣（下同）100萬元與200萬元，並先後以其所有C土地為丁與戊，分別設定抵押權，以擔保丁與戊對丙之上開債權，嗣後丙將C土地之所有權移轉與己。試問：(一)丙對丁與戊之債務已屆清償期而未清償時，丁或戊得否聲請法院拍賣抵押物？(二)假設拍賣C土地所得之價金為200萬元，土地增值稅為50萬元，C土地積欠地價稅1萬元。試問本件執行費用3萬元，法院應如何分配？

例題43

　　庚之所有D建物坐落辛之所有E土地上，庚向癸借款新臺幣100萬元，並以所有D建物為癸設定抵押權，因已屆清償期而未清償，癸聲請法院拍賣D建物，卯經拍賣取得D建物所有權，辛要求卯拆屋還地，卯則主張其就辛之E土地有法定地上權，試問卯有無拆屋還地之義務？依據為何？

壹、普通抵押權之定義

一、抵押權係由債務人或第三人提供其不動產以設定擔保物權

　　稱普通抵押權者（mortgage），謂債權人對於債務人或第三人不移轉占有而供其債權擔保（security）之不動產，得就該不動產賣得價金優先受償之權（民法第860條）。故抵押權係由債務人或第三人就其不動產所設定，此為約定擔保物權。所謂不動產，係指土地及其定著物（民法第66條）。例如，甲向乙借款新臺幣100萬元，丙提供其所有之土地與其上建築物為乙設定抵押權，以擔保該項借款債權之清償。就債之關係而言，甲、乙各為債務人及債權人。就物權之關係以觀，乙為抵押權人（mortgagee），丙為抵押人（mortgagor），學說稱為物上保證人。

二、抵押權不移轉標的物之占有

　　抵押權不以占有標的物為要件，無須移轉標的物之占有予抵押權人，為占有擔保物權，抵押人能仍得使用收益抵押物，此其民法物權編規定之質權、留置權等占有擔保物權不同。是當事人設定須移轉標的物占有之抵押權，係屬違反物權法定主義（民法第757條）。其移轉占有之行為應屬無效，而抵押權仍可成立（民法第111條但書）。

三、抵押權就標的物所賣得之價金有優先受償

　　抵押權之性質從屬於債權而存在，則債權人於債務人不能清償時，自得實行抵押權拍賣抵押物，並優先於無抵押權之債權人而受清償。倘有數抵押權同時存在於抵押物上，次序在先者優先於次序在後之抵押權人而受清償。至於提供抵押物作債權之擔保者，究為債務人本人或為第三人，在所不問。抵押物賣得價金不足清償其所擔保之債權時，該不足清償部分，對債務人之其他財產所賣得之價金，並無優先受償之權。

貳、抵押權之特性

一、從屬性

抵押權之設定，其目的在於擔保債權之履行，故債權為主權利，而抵押權為從權利，其發生、移轉及消滅與債權同一命運，此為抵押權之從屬性。

（一）發生之從屬

抵押權之成立，原則以主債權之發生或存在為前提，如債權不存在，抵押權亦不成立。抵押權之成立，違反成立上之從屬性時，其應屬無效。例外情形，係設定最高限額抵押權時，不以主債權發生為必要，其可擔保之將來債權[4]。

（二）處分之從屬

抵押權不得由債權分離而為讓與，故抵押權不能與其抵押物所擔保之債權分離，而單獨存在（民法第870條前段）。抵押權從屬於主債權，必須隨同主債權之讓與而移轉於受讓人。抵押權亦不得由債權分離而為其他債權之擔保（民法第870條後段）。抵押權人僅能以債權連同抵押權設定質權。雖欲以抵押權供擔保時，必須附隨於主債權，惟並非主債權供擔保時，必須以抵押權隨之，此與債權讓與，抵押權必須隨同讓與不同（民法第295條）。準此，僅以主債權供擔保，而不附抵押權者，自無不可。

（三）消滅之從屬性

抵押權所擔保之債權，如因清償、提存、抵銷、免除等原因而全部消滅時，抵押權亦同時消滅（民法第307條），抵押人有請求抵押權人塗銷抵押權登記之權利。例外情形，係所有人抵押之情形，其對所有人有法律上之利益者，抵押權並不消滅（民法第762條）。

---

[4] 最高法院47年台上字第535號民事判例。

二、不可分性

（一）抵押物分割

　　所謂抵押權之不可分性，係指抵押物之各部，擔保其債權之全部；而抵押物之全部，擔保其債權之各部。職是，抵押之不動產如經分割，或讓與其一部，或擔保一債權之數不動產而以其一讓與他人者，其抵押權不因此而受影響，亦存在原擔保之不動產上（民法第868條）。舉例說明如後：1.抵押之不動產為數人所共有，抵押權人對於受讓抵押物之各人之應有部分，仍得就全部債權行使權利，受讓抵押物應有部分之人，不得僅支付與受讓部分相當之金額，而免其責任。2.共有人以共有土地，為債權人設定抵押權，嗣後共有土地分割為單獨所有，抵押權人仍得對抵押物之全部，行使抵押權。

（二）債權分割或讓與

　　以抵押權擔保之債權，如經分割或讓與其一部者，其抵押權不因此而受影響（民法第869條第1項）。例如，甲向乙借款新臺幣（下同）100萬元，並設定抵押權，甲已清償50萬元，該擔保借款尚有50萬元，是抵押權在所設定權利價值在50萬元之範圍內，仍應存在。

（三）債務分割或承擔

　　債務分割或承擔其一部之場合，其抵押權不因此而受影響（民法第869條第2項）。職是，抵押債務分割或承擔時，其抵押權不因此而受影響，抵押物仍為各債務之擔保而存續。

三、抵押權之物上代位性

（一）定　義

　　抵押權除法律另有規定外，因抵押物滅失或毀損而消滅。但抵押人因滅失或毀損得受賠償或其他利益者，不在此限（民法第881條第1項、第4項）。此就抵押物之代償，稱為抵押權之物上代位性。換言之，抵押權之標的物滅失，而其價值化成別種形態，抵押權權之效力仍及於其代償物上。

（二）清償次序

抵押權人對於前項抵押人所得行使之賠償或其他請求權有權利質權，其次序與原抵押權同（民法第881條第2項）。故抵押權人對於抵押人所得行使之賠償因滅失得受之賠償金，應按各抵押權人之次序分配（rank of priority）。例如，抵押房屋被燒毀而得受之保險金，其為賠償金之一種，而賠償金並未設有任何限制，無論其係依法律規定取得，或依契約取得，均不失其為賠償金之性質，故保險金解釋上應包括在內。抵押權人自得向保險人請求給付保險金，保險人對抵押權人有給付義務。保險金之分配次序，應依據抵押權之次序為之。

（三）受領權利人

抵押物滅失而消滅，負賠償或其他給付義務之給付義務人應向抵押權人為給付。給付義務人因故意或重大過失向抵押人為給付者，對於抵押權人自不生效力（民法第881條第3項）。換言之，倘抵押權人請求給付，給付義務人仍負給付之義務。

參、抵押權之取得

一、依法律行為取得

（一）抵押權之設定

抵押權之設定，一般稱為意定抵押權，須訂立書面（民法第760條），並經辦理登記後，始生效力（民法第758條）。例如，不動產抵押權之設定，固應以書面為之。然當事人約定設定不動產抵押權之債權契約，並非要式行為。倘雙方就其設定已互相同意，則同意設定抵押權之一方，自應負使他方取得該抵押權之義務[5]。

---

[5]　最高法院70年台上字第453號民事判例。

（二）抵押權之讓與

因抵押權具有從屬性，故抵押權應隨同債權一併讓與始可，不得與債權分離而讓與。抵押權讓與為物權行為，其必須經訂立書面及辦理登記，始生效力。

二、非依法律行為取得

非依法律行為取得之原因有二：繼承及法律規定而取得。依據法律規定而取得者，主要係指民法第513條規定之承攬人之抵押權。法定抵押權非經登記，解釋上不得處分（民法第759條）。法定抵押權，應準用關於抵押權之規定（民法第883條）。

肆、抵押權效力之範圍

一、擔保債權之範圍

抵押權所擔保者，除當事人另有契約約定外，其擔保範圍為原債權、利息、遲延利息、違約金及實行抵押權之費用（民法第861條第1項）。而得優先受償之利息、遲延利息、1年或不及1年定期給付之違約金債權，以於抵押權人實行抵押權聲請強制執行前5年內發生及於強制執行程序中發生者為限（第2項）。

二、抵押物之範圍

（一）從物及從權利

抵押權之效力及於抵押物之從物與從權利（accessories and accessory rights），其不以抵押權設定時，已存在者為限，抵押權發生後取得之從物或從權利，應解為抵押權效力所及（民法第862條第1項）。第三人於抵押權設定前，就從物取得之權利，基於保護既得權利，自不受影響（第2項）。申言之：1.所謂從物，係指非主物之成分，常助主物之效用，而同屬於一人之物（民法第68條第1項）。例如，以工廠之不動產供抵押時，

則工廠內之機器，如與工廠同屬一人，自為工廠之從物。2.從權利對於主權利而言，其關係如同從物附隨於主物，自為抵押權之效力所及。例如，抵押之土地為需役地時，其所屬不動產役權為從權利，或者抵押物為建築物時，其基地之利用權，為抵押權效力所及。

（二）抵押建築物之附屬建物

　　以建築物為抵押者，其附加於該建築物而不具獨立性之部分，亦為抵押權效力所及。但其附加部分為獨立之物，如係於抵押權設定後附加者，準用民法第877條之規定（民法第862條第3項）。所謂附加於該建築物而不具獨立性之部分，係指附屬物而言，其為原建築物之外，屬同一人所有且常助原建築物之效用，其未具獨立性之建築物。附屬物既因附屬於原建築物，喪失其獨立性，則原建築物之所有權即因而擴張，該建築物所在之抵押權支配範圍亦隨建築物所有權之擴張而擴張。抵押權之效力，自應及於該附屬物，該附屬物究在抵押前或後所建，有無辦理登記，在所不問。職是，建築物設定抵押後，抵押權人於原建築物再行擴建或增建之建物，如不具獨立性，而與原建築物構成一體，已為原建築之一部分，或為原建築物之附屬物時，應為原抵押權效力所及。

（三）抵押建築物滅失後之殘餘物

　　為保障抵押權人抵押物滅失之殘餘物，仍為抵押權效力所及（民法第862條之1第1項前段）。例如，抵押之建築物因倒塌而成為動產，自經濟上而言，其應屬抵押物價值之變形物。再者，抵押權人亦得請求占有該殘餘物，並依質權之規定，行使其權利（第2項）。倘抵押權人不請求占有殘餘物，其抵押權自不受影響。

（四）抵押物之分離物

　　抵押物之成分，抵押物之成分非依物之通常用法而分離成為獨立之動產者，亦為抵押權效力所及（民法862條之1第1項後段）。例如，自抵押建築物拆取之動產，自屬抵押物之變形物。抵押權人亦得請求占有該殘餘物或動產，並依質權之規定，行使其權利（第2項）。反之，抵押權人不

請求占有動產者，其抵押權自不受影響。

（五）扣押後之天然孳息

抵押權之效力及於抵押物扣押（attach）後，由抵押物分離之天然孳息（natural profit），而得由抵押人收取之天然孳息（民法第863條）。例如，甲以其所有土地為乙設定抵押權，該土地上種植果樹，該抵押物所生之天然孳息，應歸甲取得。抵押物經扣押後，自抵押物分離之果實，為抵押權效力所及。反之，非抵押人得收取之天然孳息，自非抵押權效力所及。例如，抵押物之承租人所得收取的天然孳息，則非抵押權效力所及[6]。

（六）扣押後之法定孳息

抵押權之效力及於抵押物扣押後，抵押人就抵押物得收取之法定孳息（civil profit）。但抵押權人，非以扣押抵押物之事情，通知應清償法定孳息之義務人（obligor），不得與之對抗（民法第864條）。例如，甲將其不動產設定抵押權於乙後，將抵押物出租，其得收取法定孳息每月租金新臺幣3萬元，茲抵押權人乙行使抵押權，聲請拍賣抵押物，得就乙得收取之租金一併扣押。

伍、抵押權人之權利

一、抵押權之處分

抵押權為非專屬財產權，抵押權得一併連同所擔保之債權讓與第三人或為其他債權之擔保（民法第867條）。前者為抵押權之讓與，必須隨同其所擔保之債權，一併為之；後者為抵押權之供擔保，其隨同主債權一併設定權利質權（民法第900條）。不動產所有人，因擔保數債權，就同一

---

[6] 謝在全，普通抵押權之修正，司法周刊，1333期，司法文選別冊，2007年4月12日，頁5。

不動產，設定數抵押權者，其次序依登記之先後定之（priority of registration）（民法第865條）。故先次序之抵押權人較後次序抵押權人有優先受償之權利，學說稱為抵押權人之次序權。而次序權並無專屬性，自得為拋棄或讓與。

二、抵押權之保全

（一）抵押物價值減少之防止

抵押人之行為，足使抵押物之價值減少者，抵押權人得請求停止其行為。如有急迫之情事，抵押權人得自為必要之保全處分，賦予抵押權人對抵押物價值之積極保護的介入權能（民法第871條第1項）。例如，對於將傾倒之建物，加以支撐或其他必要之措施。因抵押權人請求或處分所生之費用，係可歸責於抵押人之事由，應由抵押人負擔。保全抵押物之行為，其不僅保全抵押權人之抵押權，亦保全抵押人之財產，對其他債權人均屬有利，故保全抵押物所生之費用，應較諸各抵押權所擔保之債權優先受償，故其受償次序優先於各抵押權所擔保之債權（第2項）。

（二）抵押物價值減少之補救

1. 可歸責於抵押人之事由

抵押物價值減少時，係可歸責於抵押人之事由，抵押權人得定相當期限，請求抵押人回復抵押物之原狀（民法第872條第1項）。舉例說明如後：(1)將建物拆毀一部，請求修復。或者請求提出與減少價額相當之擔保。(2)抵押物因抵押人之拆毀行為，而價值減少新臺幣（下同）10萬元，得請求其另提出價值10萬元之擔保。再者，抵押人不於前項所定期限內，履行抵押權人之請求時，抵押權人得定相當期限請求債務人提出與減少價額相當之擔保。屆期不提出者，抵押權人得請求清償其債權（第2項）。抵押人為債務人時，抵押權人得不再為前項請求，逕行請求清償其債權，使債務人喪失債務清償期限利益（第3項）。

2. 不可歸責於抵押人之事由

抵押物之價值，因非可歸責於抵押人之事由而致減少者，抵押權人僅於抵押人因此所受利益之限度內，請求提出擔保（第4項）。例如，天災事變或第三人之侵權行為。

三、抵押權次序之調整

（一）次序調整之類型

1. 次序之讓與

所謂次序之讓與，係指抵押權人為特定抵押權人之利益，讓與其抵押權之次序。換言之，其係指同一抵押物之先次序或同次序抵押權人，為特定後次序或同次序抵押權人之利益，將其可優先受償之分配額讓與該後次序或同次序抵押權人（民法第870條之1第1項第1款）。讓與人與受讓人仍保有原抵押權及次序，讓與人與受讓人得依其原次序受分配，依其次序所能獲得分配之合計金額，由受讓人優先受償，倘有剩餘，始由讓與人受償。例如，債務人甲以其所有不動產依序為乙、丙、丁設定第一、二、三次序之抵押權，其金額各為新臺幣（下同）180萬元、120萬元及60萬元之抵押權，乙將第一優先次序讓與丁，甲之抵押物拍賣所得價金為300萬元，則丁先分得60萬元，乙分得120萬元，丙仍為120萬元。倘甲之抵押物拍賣所得價金為280萬元，則丁先分得60萬元，乙分得120萬元，丙分得100萬元。

2. 次序之相對拋棄

所謂次序之相對拋棄，係指抵押權人為特定後次序抵押權人之利益，拋棄其抵押權之次序（民法第870條之1第1項第2款）。換言之，其係指同一抵押物之先次序抵押權人，為特定後次序抵押權人之利益，拋棄其優先受償利益之謂。各抵押權人之抵押權歸屬與次序並無變動，僅係拋棄抵押權次序之人，因拋棄次序之結果，與受拋棄利益之抵押權人成為同一次序，將其所得受分配之金額共同合計後，按各人債權額之比例分配之。依據前揭事例，甲之抵押物拍賣所得價金為新臺幣（下同）300萬元，乙將

其第一次序之優先受償利益拋棄予丁，則乙、丁同列於第一、三次序，依乙、丁之債權額比例分配為3比1（計算式：180萬元÷60萬元）。乙分得135萬元，丁得45萬元，丙則仍分得120萬元，不受影響。如甲之抵押物拍賣所得價金為280萬元，則乙、丁所得分配之債權總額為180萬元，乙拋棄第一次序後，依乙、丁之債權額比例分配，乙可分得135萬元，丁分得45萬元，丙分得100萬元。

3. 次序之絕對拋棄

所謂次序之絕對拋棄，係指抵押權人為全體後次序抵押權人之利益，拋棄其抵押權之次序之謂（民法第870條之1第1項第3款）。換言之，其係指先次序抵押權人並非專為某一特定後次序抵押權人之利益，拋棄優先受償利益。後次序抵押權人之次序各依次序昇進，而拋棄人退處於最後之地位，但於拋棄後新設定之抵押權，其次序仍列於拋棄者之後。倘為無擔保之普通債權，不論其發生在抵押權次序拋棄前或後，其次序本列於拋棄者之後，自屬當然。依據前例所示，甲之抵押物拍賣所得價金為新臺幣（下同）300萬元，乙絕對拋棄其第一次序抵押權，則丙分得120萬元，丁分得60萬元，乙僅得120萬元。如甲之抵押物拍賣所得價金為480萬元，戊之抵押權200萬元成立於乙絕對拋棄其抵押權次序之後，則丙分得120萬元，丁分得60萬元，乙可分得180萬元，戊分得120萬元。

（二）次序調整要件

抵押權次序之讓與或拋棄，非經登記，不生效力。並以通知債務人、抵押人及共同抵押人為其登記要件，以期周延。故登記時，應檢具已為通知之證明文件（民法第870條之1第2項）。

（三）保證人之保護

抵押權所擔保之債權有保證人者，其於保證人清償債務後，債權人對於債務人或抵押人之債權，當然移轉於保證人，該債權之抵押權亦隨同移轉，足見抵押權涉及保證人之利益。故債權人不應依自己之意思，使保證人之權益受影響。因先次序抵押權人有較後次序抵押權人優先受償之機

會，則次序在先抵押權所擔保債權之保證人代負履行債務之機會較少。倘調整可優先受償分配額，而使先次序或同次序之抵押權喪失優先受償利益，將使該保證人代負履行債務之機會大增，對保證人有失公平。準此，其於先次序或同次序之抵押權因調整可優先受償分配額，而喪失優先受償之利益時，除經保證人同意調整外，保證人應於喪失優先受償之利益限度內，免其責任（民法第870條之2）。

陸、抵押人之權利

一、設定數抵押權

　　抵押權可併存於同一不動產，是不動產所有人因擔保數債權，得就同一不動產，設定數抵押權者，其次序依登記的先後定之（民法第865條）。例如，A土地依序設定三次抵押權，第一順位擔保債權額為新臺幣（下同）80萬元，第二順位擔保債權額50萬元，第三順位擔保債權額為30萬元，A土地經拍賣得款100萬元，則第一順位抵押權之債權得全部清償，第二順位抵押權之債權僅得清償20萬元，尚不足30萬元，故第三順位抵押權之債權，則均未受清償。

二、設定或約定用益權

（一）抵押權受影響時

　　不動產所有人，設定抵押權後，其於同一不動產，得設定地上權或其他以使用收益為目的之物權，或成立租賃關係。但其抵押權不因此而受影響（民法第866條第1項）。因抵押權為擔保物權，不動產所有人設定抵押權後，其於同一不動產，仍得為使用收益，倘影響於抵押權者，對於抵押權人不生效力。前開情形，抵押權人實行抵押權受有影響者，法院得除去該權利或終止該租賃關係後拍賣之（第2項）。例如，土地所有人於設定抵押權後，在抵押之土地上營造建築物，並將該建築物出租於第三人，致影響於抵押權者，抵押權人自得聲請法院除去建築物之租賃權，依無租賃

狀態將建築物與土地併付拍賣（強制執行法第98條第2項）[7]。再者，不動產所有人設定抵押權後，其於同一不動產，成立第1項以外之權利者。例如，使用借貸關係。倘該權利有影響抵押權人實行抵押權時，亦準用第2項規定，法院得除去該權利後拍賣之（民法第866條第3項）。

（二）抵押權不受影響時

抵押人所設定之用益權，不影響抵押物之價值者，縱使抵押物有該項權利負擔，倘拍賣所得之價金足以清償抵押債權時，則該項負擔繼續存在抵押物，並不因抵押物之拍賣而消滅，是拍定人所買得者，係有負擔之不動產。無論應買人投標買得或由債權人承受，依繼受取得之法理，其租賃關係對應買人或承受人當然繼續存在[8]。

三、讓與抵押物

不動產所有人設定抵押權後，得將不動產讓與他人。但其抵押權不因此而受影響，此為抵押權之追及效力（民法第867條）。換言之，抵押權人得本於追及其物之效力，以實行抵押權。準此，不動產經抵押人讓與他人而非屬於原抵押人所有者，抵押權人因實行抵押權而聲請法院裁定准許拍賣該不動產，自應列受讓之他人為相對人，取得抵押物之人不得異議[9]。

四、物上保證人之求償權

（一）法定移轉債權

為債務人設定抵押權之第三人，代為清償債務，或因抵押權人實行抵押權致失抵押物之所有權時，該第三人於其清償之限度內，承受債權人對於債務人之債權。但不得有害於債權人之利益（民法第879條第1項）。因

---

[7]　最高法院86年台抗字第588號民事判例。
[8]　大法官會議釋字第304號解釋；最高法院60年台上字第4615號民事判例。
[9]　最高法院74年台抗字第431號民事判例。

物上保證人為利害關係之第三人，其有代位清償債務之權利（民法第312條第2項）。為保障其權利，物上保證人向債權人清償後，債權人對於主債務人之債權，於其清償之限度內，移轉予物上保證人，此為物上保證人之求償權（民法第749條）。

（二）保證人之分擔額

債務人有保證人時，保證人應分擔之部分，依保證人應負之履行責任與抵押物之價值或限定之金額比例定之。抵押物之擔保債權額少於抵押物之價值者，應以該債權額為準（民法第879條第2項）。前項情形，抵押人就超過其分擔額之範圍，得請求保證人償還其應分擔部分（第3項）。例如，甲對乙負有新臺幣（下同）60萬元之債務，由丙為全額清償之保證人，丁則提供其所有價值30萬元之土地設定抵押權予乙。嗣甲逾期未能清償，乙遂聲請拍賣丁之土地而受償30萬元。乙對甲之原有債權中之30萬元部分，由丁承受；保證人丙就全部債務之應分擔部分，為60萬元×60萬元÷（30萬元＋60萬元）＝40萬元，丁就全部債務之應分擔部分，則為60萬元×30萬元÷（30萬元＋60萬元）＝20萬元，丁已清償30萬元，其僅得就逾自己分擔部分，對丙求償10萬元。反之，如丁係以其所有價值70萬元之土地設定抵押權予乙，嗣乙聲請拍賣該土地，而就60萬元債權全額受清償時，保證人丙之分擔額，則為60萬元×60萬元÷（60萬元＋60萬元）＝30萬元，丁得向丙求償30萬元。

（三）部分抵押權消滅

物上保證人代為清償債務，或因抵押權人實行抵押權致失抵押物之所有權時，其於清償之限度內，承受債權人對於債務人之債權。而該債務有保證人時，該物上保證人對該保證人有求償權。如債權人有免除保證人之保證責任情事，該物上保證人原得向保證人求償之權利，即因之受影響。準此，第三人為債務人設定抵押權時，倘債權人免除保證人之保證責任者，其於民法第879條第2項規定，保證人應分擔部分之限度內，該部分抵押權消滅（民法第879條之1）。

柒、抵押權之實行

抵押權之實行，係指債權已屆清償期，而未受清償時，抵押權人得處分抵押物，以優先取償之行為。抵押權之實行，並非抵押權人之義務，實行與否，係抵押權人之權利。其實行之方法有聲請法院拍賣（auction）、訂立契約取得抵押物之所有權及其他方法處分抵押物等三種方法。

一、聲請法院拍賣

（一）許可拍賣抵押物之聲請

抵押權人於債權已屆清償期，其未受清償者，得聲請法院，拍賣抵押物，就其賣得價金而受清償（民法第873條）。強制執行法所為之拍賣，係國家執行機關就查封標的物所為之換價行為，其屬買賣性質，拍定人為買受人，執行法院僅代表債務人立於出賣人地位，係採私法行為說[10]。再者，聲請拍賣抵押物，屬非訟事件，法院採形式審查主義，僅須其抵押權已經依法登記，並依登記之清償期，業已屆滿而未受清償時，法院即應為許可拍賣之裁定（強制執行法第4條第1項第5款），其為拍賣抵押物之執行名義。至於實際之清償期有無變更，或者有無清償，法院均不予審查。倘當事人就此有爭執時，自應提起訴訟以求解決。

（二）土地與建築物併付拍賣

土地所有人於設定抵押權後，在抵押之土地上營造建築物者，抵押權人於必要時，得於強制執行程序中，聲請法院將其建築物與土地併付拍賣，但對於建築物之價金，無優先受清償之權（民法第877條第1項）。前項規定，於民法第866條第2項及第3項之情形，如抵押之不動產上，有該權利人或經其同意使用之人之建築物者，準用之（第2項）。民法第877條規範之本旨，乃側重於房屋所有權與基地利用權一體化之體現，並兼顧社

---

[10] 最高法院49年台上字第2385號民事判例。

會經濟，以調和土地與建築物不同所有人之權益，避免單獨拍賣土地而可能使土地及建物非由同一人所有，法律關係趨於複雜，並使土地易於拍賣，以保障抵押權人之權益[11]。此項併付拍賣之建築物，毋庸另行聲請法院為准許拍賣之裁定。再者，為維護抵押權人利益，不動產抵押後，在該不動產上有用益物權人或經其同意使用之人之建築物者，該權利人使用不動產之權利，雖得聲請法院予以除去，惟為兼顧社會經濟及土地用益權人利益，該建築物允應併予拍賣為宜，但建築物拍賣所得價金，抵押權人無優先受償權，故將建物併付拍賣之要件，不須建築物與土地均屬同一人。

（三）建築物與其存在之必要權利併付拍賣

以建築物設定抵押權者，於法院拍賣抵押物時，其抵押物存在所必要之權利得讓與者，應併付拍賣，該必要之權利，無論係在抵押權設定前或設定後，均得適用之（民法第877條之1本文）。例如，設定抵押權之建物有地上權或租賃權，自得與建物一併拍賣。而抵押權人對於該權利賣得之價金，並無優先受清償之權（但書）。

（四）拍賣之價金分配

就同一不動產，設定數抵押權者，其次序依登記先後定之（民法第865條）。抵押物賣得之價金，除法律另有規定外，按各抵押權成立之次序分配之。其次序相同者，依債權額比例分配之（民法第874條）。而債權人因強制執行而支出之費用及土地增值稅、地價稅、房屋稅之徵收，優於抵押權得就強制執行之財產先受清償（強制執行法第29條第2項；稅捐稽徵法第6條第2項）。職是，抵押物賣得之價金，按各抵押權人之次序分配之，次序同者，平均分配。共同抵押之場合，其為同一債權之擔保，而於數不動產上設定抵押權，未限定各個不動產所負擔之金額者，抵押權人得就各個不動產賣得之價金，得自由選擇受債權全部或一部之清償。

---

[11] 最高法院95年度台抗字第460號民事裁定。

二、訂立契約取得抵押物所有權

（一）債權之清償期前

約定於債權已屆清償期，而未為清償時，抵押物之所有權，移屬於抵押權人者，為保護抵押人，免因一時窮困，被迫接受此不利之約定，該流抵約款非經登記，不得對抗第三人（第1項）。抵押權人請求抵押人為抵押物所有權之移轉時，抵押物價值超過擔保債權部分，應返還抵押人；不足清償擔保債權者，仍得請求債務人清償（第2項）。抵押人在抵押物所有權移轉於抵押權人前，亦得清償抵押權擔保之債權，以消滅該抵押權（第3項）。

（二）債權清償期屆滿後

抵押權人於債權清償期屆滿後，為受清償，得訂立契約，取得抵押物之所有權，因非屬事前之預約，並不適用流抵約款之禁止規定，除非有害於其他抵押權人之利益者，不在此限（民法第878條）。

三、以其他方法處分方法

抵押權人於債權清償期屆滿後，為受清償，得用拍賣以外之方法，處分抵押物，但有害於其他抵押權人之利益者，不在此限（民法第878條）。例如，得以設定典權，而就典權受償借款契約。倘借款契約，訂有屆期不償，抵押權人可將抵押物自行覓主變賣抵償之特約，其與將抵押物之所有權移屬於抵押權人相同，其約定自屬無效[12]。

捌、抵押權消之滅

一、主債權之全部消滅

抵押權為從屬於主債權之權利，故主債權因清償、抵銷、混同、拋棄

---

[12] 最高法院40年台上字第223號民事判例。

等原因全部消滅時，抵押權亦歸於消滅。抵押權擔保之債權請求權，雖經時效消滅成為自然之債，債權人於5年內仍得就其抵押物取償（民法第145條第1項、第880條）。

二、除斥期間之經過

以抵押權擔保之債權，其請求權已因時效而消滅，為使其權利狀態早日確定，倘抵押權人於消滅時效完成後，5年間不實行其抵押權者，其抵押權消滅（民法第880條）。此為抵押權得因除斥期間之經過而消滅之例外規定，並非謂其時效期間較15年為長（民法第125條）。

三、抵押權之實行

存於不動產之抵押權，因抵押權之實行，即拍賣而消滅（民法第873條之2第1項；強制執行法第98條第3項本文）。無論其所擔保之債權是否已受全部之清償，其抵押權均因而歸於消滅，原則採塗銷主義。至於其未受清償之債權，即成為無擔保之普通債權。抵押權所擔保之債權有未屆清償期者，於抵押物拍賣得受清償之範圍內，視為到期（民法第873條之2第2項）。但抵押權所擔保之債權未定清償期或其清償期尚未屆至，而拍定人或承受抵押物之債權人聲明，願在拍定或承受之抵押物價額範圍內清償債務，經抵押權人同意者，不在此限（民法第873條之2第3項），例外採承受主義[13]。

四、抵押物之滅失

抵押權係對物之交換價值為支配內容之物權，故抵押物滅失，抵押權亦隨之消滅。除非，抵押人因滅失得受之賠償或其他利益者，抵押權移存至賠償或其他利益之上（民法第881條第1項）。

---

[13] 林洲富，實用強制執行法精義，五南圖書出版股份有限公司，2004年9月，2版1刷，頁231。

玖、法定地上權

　　土地與建築物為各別之不動產，固各得單獨為交易之標的，然建築物性質不能與土地使用權分離而存在，故土地及其土地上之建築物，同屬於一人所有，而僅以土地或僅以建築物為抵押者，於抵押物拍賣時，視為已有地上權之設定，其地租、期間及範圍由當事人協議定之，協議不成時，得聲請法院以判決定之（民法第876條第1項）。土地及其土地上之建築物，同屬於一人所有，而以土地及建築物為抵押者，如經拍賣，其土地與建築物之拍定人各異時，適用前項規定（第2項）。法定地上權須以該建築物於土地設定抵押時業已存在，並具相當之經濟價值為要件。反之，土地上之房屋，係建築於設定抵押權後，而於抵押權設定時，尚未存在，無法成立法定地上權；或者建物雖存在於設定抵押權之前，惟其價值無幾。例如，豬舍、圍牆等。縱使予以拆除，對於社會經濟亦無甚影響，自不能成立法定地上權之建築物[14]。

拾、例題研析

一、抵押權之物上代位

（一）抵押權支配抵押物之交換價值

　　抵押權除法律另有規定外，因抵押物滅失而消滅。但抵押人因滅失得受之賠償或其他利益（民法第881條第1項）。抵押權人對於前項抵押人所得行使之賠償或其他請求權有權利質權，其次序與原抵押權同（第2項）。故抵押權人對於抵押人因抵押物滅失得受之賠償金，應按各抵押權人之次序分配（rank of priority）。此就抵押物之代償，稱為抵押權之物上代位性。因抵押權係以支配抵押物之交換價值，以作為債權優先受償為

---

[14] 最高法院57年台上字第1303號民事判例。

目的之物權，故抵押物滅失後，倘有交換價值存在時，無論其型態如何，其仍係抵押權所支配之交換價值，因抵押物之滅失，致此項交換價值提前現實化。況該交換價值既為抵押權所支配之交換價值，則抵押權移存於其上，就其經濟之實質客體而言，抵押權仍具有同一性。準此，設定抵押權之房地經徵收，性質係屬法律之滅失，其因徵收所得之補償地價及其他補償費，均係原抵押權所支配之交換價值，係抵押物之代償物，自為抵押權效力所及而得優先受償。

（二）自動拆除獎勵金非抵押物之代償物

自動拆除獎勵金，係為獎勵抵押物所有人將建物自動拆除，節省勞費並求迅捷起見，由徵收機關所發收之金額，性質與補償費不同。換言之，須抵押物所有人之自動配合措施，並檢具該自動拆遷證明，始得領取是項獎勵金；反之，倘抵押物所有人不自行拆遷，即無此項獎勵金，是抵押物所有人自行拆遷所應獲之獎勵金，自應歸屬其所有，倘解為抵押權效力所及，則抵押權人坐收其利，顯非公平[15]。準此，甲向乙借款，並提供其所有A土地與B建物為乙設定抵押權，作為擔保借款債權用途，A土地被徵收時，B建物部分之自動拆遷獎勵金，並非抵押物之代償物，乙不得主張甲就B建物所領取之自動拆遷獎勵金，為抵押權效力所及。

二、抵押權之實行

（一）抵押權之追及效力

不動產所有人設定抵押權後，得將不動產讓與他人。但其抵押權不因此而受影響（民法第867條）。故丙分別向丁與戊借款，並以其所有C土地為丁與戊各設定抵押權，以擔保借款債權，丙雖將C土地之所有權移轉與己，然亦為抵押權效力所及。

---

[15] 司法院第27期司法業務研究會，民事法律專題研究13，頁173-175。

（二）拍賣抵押物

抵押權人，於債權已屆清償期，而未受清償者，得聲請法院，拍賣抵押物，就其賣得價金而受清償（民法第873條）。丙向丁與戊各借款新臺幣（下同）100萬元與200萬元，丙對丁與戊之債務已屆清償期而未受清償，丙得聲請法院拍賣抵押物取償。

（三）抵押物賣得價金之分配次序

抵押物賣得之價金，除法律另有規定外，按各抵押權成立之次序分配之。其次序相同者，依債權額比例分配之（民法第874條）。債權人因強制執行而支出之費用及土地增值稅、地價稅、房屋稅之徵收，優於抵押權得就強制執行之財產先受清償（強制執行法第29條第2項；稅捐稽徵法第6條第2項）。丙先後以其所有C土地為丁與戊，分別設定抵押權，以擔保丁與戊對丙之借款債權，丁、戊各為第一順位與第二順位抵押權人。拍賣C土地所得之價金為新臺幣（下同）200萬元，土地增值稅為50萬元，C土地積欠地價稅1萬元，本件執行費用3萬元，故土地增值稅、地價稅及執行費用計54萬元應優先於抵押權受償，剩餘146萬元，丁與戊之借款各為100萬元與200萬元，因丁為第一順位抵押權人優先於第二順位抵押權人戊受償，丁分配100萬元，戊僅得46萬元。

（四）抵押權塗銷主義

存於不動產之抵押權，因抵押權之實行，即拍賣而消滅（民法第873條之2第1項；強制執行法第98條第3項本文）。無論其所擔保之債權是否已受全部之清償，其抵押權均因而歸於消滅。故戊雖僅得新臺幣（下同）46萬元，其對丙之200萬元借款債權雖未完全清償，其抵押權亦歸於消滅。

三、法定地上權

土地與建築物為各別之不動產，固各得單獨為交易之標的，然建築物性質不能與土地使用權分離而存在，故土地及其土地上之建築物，同屬於

一人所有,而僅以土地或僅以建築物為抵押者,其於抵押物拍賣時,視為已有地上權之設定,其地租、期間及範圍由當事人協議定之,協議不成時,得聲請法院以判決定之(民法第876條第1項)。土地及其土地上之建築物,同屬於一人所有,而以土地及建築物為抵押者,如經拍賣,其土地與建築物之拍定人各異時,適用前項之規定(第2項)。職是,庚之所有D建物坐落辛之所有E土地,庚向癸借款,並以所有D建物為癸設定抵押權,因已屆清償期而未清償,癸聲請法院拍賣D建物,卯雖經拍賣取得D建物所有權,然其於設定抵押權當時,並非同屬一人所有,故無法發生法定地上權[16]。故辛要求卯拆屋還地,卯不得主張其就辛之E土地有法定地上權,卯有拆屋還地之義務。

【習題44】

甲向乙借款,甲提供A建物為乙設定抵押權,嗣後A建物因地震而半毀,抵押權是否存在該半毀之A建物?

抵押物滅失之殘餘物,仍為抵押權效力所及(民法第862條之1第1項前段),此為抵押權之直接效力,非屬物上代位之性質。

【習題45】

試說明抵押權之特性。

抵押權之特性有:(一)從屬性。(二)不可分性。(三)物上代位性。

【習題46】

試說明抵押權所擔保之債權範圍。

抵押權所擔保者,除當事人另有契約約定外,其擔保為原債權、利息、遲延利息、違約金及實行抵押權之費用(民法第861條第1項)。

---

[16] 最高法院71年度台上字第126號民事判決。

【習題47】

試說明抵押權效力所及之標的物範圍。

抵押權效力所及之標的物範圍有：(一)從物及從權利。(二)抵押建築物之附屬建物。(三)抵押建築物滅失後之殘餘物。(四)抵押物之分離物。(五)扣押後之天然孳息，而得由抵押人收取者。(六)扣押後之法定孳息。

【習題48】

試說明實行抵押權之方法。

有聲請法院拍賣、訂立契約取得抵押物之所有權及其他方法處分抵押物等三種方法。

<h1 style="text-align:center">第二項　最高限額抵押權</h1>

　　我國不動產最高限額抵押權原僅經由實務與學說承認其效力，在未經立法前，其運作均賴學說與實務依據法理加以解釋、補充。為求健全發展，嗣於2007年3月增列民法第三編物權第六章第二節最高限額抵押權，增訂民法第881條之1至第881條之17規定，規範最高限額抵押權。本項目標在使研讀者瞭解最高限額抵押權之定義、最高限額抵押權之性質、最高限額抵押權之擔保範圍、擔保債權及最高限額抵押權之讓與、抵押權人或債務人進行合併或分割、最高限額抵押權所擔保原債權確定之效力、最高限額抵押權之消滅。

例題44

　　甲公司為資金週轉欲向乙銀行融通資金，其先提供所有A土地為乙銀行設定最高限額抵押權，以擔保本金最高額新臺幣500萬元內之債權，擔保期間30年，期間甲有陸續向乙銀行借款，擔保期間未屆滿前，甲公司欲結束營業，故清償對乙銀行全部之債務，並請求乙銀行塗銷最高額抵押權。試問乙銀行得否拒絕塗銷該項抵押權設定？依據為何？

例題45

丙向丁借款新臺幣100萬元，約定1年後清償，而丙屆清償期後，未依約清償，丁於15年內均未向丙請求該借款，嗣罹於時效後，始向丙請求清償借款，試問丙得否提供其所有B土地為丁設定最高限額抵押權？

壹、最高限額抵押權之定義

一、擔保現有及未來之債權

（一）債務人或第三人提供不動產為擔保

最高限額抵押權者，係指債務人或第三人提供其不動產為擔保，就債權人對債務人一定範圍內之不特定債權，在最高限額內設定之抵押權（民法第881條之1第1項）。最高限額抵押權所擔保者，包括現有及將來可能發生之債權，故因繼續性法律關係所生之債權，亦為擔保之範圍[17]。例如，A公司就其製造產品與B公司訂立經銷契約，約定經銷期間10年，B公司並提供不動產以擔保各筆貨款之清償，其一定金額限度為最高限額新臺幣500萬元。

（二）預定最高限額之特殊抵押權

最高限額抵押權係對於債權人一定範圍內之不特定債權，預定一最高限額，由債務人或第三人提供抵押物予以擔保之特殊抵押權。故最高限額抵押權所擔保債權必須為一定範圍內所發生之債權。準此，最高限額抵押權不僅有其特定性，且最高限額抵押權係從屬於一定範圍內之法律關係，最高限額抵押權所擔保者，係此項法律關係所不斷發生之債權。該一定範圍之法律關係為最高限額抵押權之基礎關係。故概括最高限額抵押權，因

---

[17] 最高法院85年台上字第2065號民事判例。

債權人與債務人間無基本契約或一定之法律關係，為擔保債權發生之基礎關係，難認屬有效。

二、擔保由一定法律關係所生之債權或基於票據所生之權利

（一）原　則

最高限額抵押權之設定，其被擔保債權之資格有無限制，向有限制說與無限制說之區分，基於交易之安全，我國物權編修正採限制說。故最高限額抵押權所擔保之債權，以由一定法律關係所生之債權或基於票據所生之權利為限（民法第881條之1第2項）。例如，銀行與客戶間之票據契約、廠商與經銷商間之經銷契約、中長期放款合約或基於票據關係所生之權利。

（二）例　外

為避免最高限額抵押權於債務人資力惡化或不能清償債務，而其債權額尚未達最高限額時，任意由第三人處分受讓債務人之票據，將之列入擔保債權，以經由抵押權之實行，優先受償，而獲取不當利益，致妨害後次序抵押權人或一般債權人之權益。準此，基於票據所生之權利，除本於與債務人間依前項一定法律關係取得者外，如抵押權人係於債務人已停止支付、開始清算程序，或依破產法有和解、破產之聲請或有公司重整之聲請，而仍受讓票據者，不屬最高限額抵押權所擔保之債權。例外情形，抵押權人不知其情事而受讓者，則仍為擔保範圍所及（民法第881條之1第3項）。

三、係以最高限額限度內為擔保

最高限額抵押權所擔保之不特定債權，其優先受償之範圍，須受最高限額之限制，採債權最高限額之立法，此為最高限額抵押權與普通抵押權區別的主要特徵之一。準此，當事人欲設定最高限額抵押權，而無最高設

額之約定與登記者，即不生最高限額抵押權之效力[18]。例如，約定最高限額為新臺幣（下同）300萬元，嗣後最高限額抵押權確定時，計積欠本金債權290萬元、利息5萬元及違約金9萬元。本件所得優先受償者為300萬元，逾4萬元部分，則無優先受償權。

貳、最高限額抵押權之性質

一、從屬性之例外

（一）債權額在結算前不確定

最高限額抵押權，係抵押權發生從屬性之例外。最高額抵押與普通一般抵押不同，最高額抵押係就將來應發生之債權所設定之抵押權，其債權額在結算前並不確定，實際發生之債權額不及最高額時，應以其實際發生之債權額為準[19]。最高限額抵押權所擔保之債權，除訂約時已發生之債權外，將來發生之債權，在約定限額之範圍內，亦為抵押權效力所及。雖抵押權存續期間內已發生之債權，因清償或其他事由而減少或消滅，原訂立之抵押契約依然有效，嗣後在存續期間內陸續發生之債權，債權人仍得對抵押物行使權利。

（二）存續期間

最高限額抵押契約如未定存續期間，其性質與民法第754條第1項所定，就連續發生之債務為保證而未定有期間之保證契約相似，抵押人得隨時通知債權人終止抵押契約，對於終止契約後發生之債務，不負擔保責任。反之，此種抵押契約定有存續期間者，訂立契約之目的，顯在擔保存續期間內所發生之債權，凡在存續期間所發生之債權，均為抵押權效力所

---

[18] 謝在全，最高限額抵押權之法制化，司法周刊，司法文選別冊，1335期，2007年4月26日，頁4。

[19] 最高法院62年台上字第776號民事判例。

及，其於存續期間屆滿前所發生之債權，債權人在約定限額範圍內，對於抵押物均享有抵押權，除債權人拋棄為其擔保之權利外，抵押人不得於抵押權存續期間屆滿前，任意終止此種契約。縱令嗣後所擔保之債權並未發生，僅債權人不得就未發生之債權實行抵押權，非謂抵押人得於存續期間屆滿前終止契約，而享有請求塗銷抵押權設定登記之權利[20]。

二、準用普通抵押權之規定

　　最高限額抵押權亦為不動產抵押制度之一環，除民法第861條第3項、第869條第1項、第870條、第870條之1、第870條之2及第880條規定與最高限額抵押權之性質不容者外，其餘準用關於普通抵押權之規定（民法第881條之17）。

參、最高限額抵押權之擔保範圍

一、債權最高限額說

　　關於最高限額之約定額度，有債權最高限額及本金最高限額之區別，我國採債權最高限額說。故最高限額抵押權人就已確定之原債權，僅得於其約定之最高限額範圍內，行使其權利（民法第881條之1第1項）。前項債權之利息、遲延利息、違約金，其與前項債權合計不逾最高限額範圍者，亦同（第2項）。故最高限額抵押權所擔保之債權，應包括原債權、利息、遲延利息及違約金。最高限額自應以該等項目作為擔保債權總額為範圍。是當事人約定擔保其他債權者，亦應受最高限額之限制。原本債權連同利息、違約金未逾最高限額者，利息、違約金亦為抵押權效力所及。倘登記為「本金最高限額若干元」，而本金連同利息等項超過最高限額者，逾此部分非抵押權所擔保之範圍[21]。

---

[20] 最高法院66年台上字第1097號民事判例。

[21] 最高法院75年度第22次民事庭會議，會議日期1986年11月25日；最高法院85年

二、變更債權之範圍或債務人

為促進最高限額抵押權擔保之功能，原債權確定前，抵押權人與抵押人得約定變更民法第881條之1第2項規定，債權之範圍或其債務人（民法881條之3第1項）。因該變更就後次序抵押權人或第三人之利益，並無影響，故無須得後次序抵押權人或其他利害關係人同意。因我國民法關於不動產物權行為，係採登記生效要件主義，故變更債權之範圍或其債務人，自應適用民法第758條規定而為登記。

三、實行抵押權費用

實行抵押權之費用，包含執行費、參與分配費用及執行必要費用，均屬強制執行費用之範圍，其較抵押債權優先受償，不計入抵押權所擔保債權之最高限額，應於抵押物拍賣價金中扣除（強制執行法第29條）。

四、擔保原債權之確定期日

（一）約定期限者

1. 當事人合意

最高限額抵押權設定時，未必有債權存在。抵押權人於實行抵押權時，其優先受償之範圍，應依實際確定的擔保債權為之。準此，有確定期日之必要性。故最高限額抵押權得約定其所擔保原債權應確定之期日，並得於確定之期日前，約定變更之（民法第881條之4第1項）。例如，當事人於2007年10月間設定最高限額抵押權，約定確定期日為2027年10月11日。抵押權人與抵押人得於該約定確定期日前，合意變更確定期日，其無庸得債務人或次順序之抵押權人同意。

2. 期限之限制

為發揮最高限額抵押權之功能，促進現代社會交易活動之迅速與安全，並兼顧抵押權人及抵押人之權益，確定擔保債權之期日，應有一定之

台上字第2065號民事判例。

期限，故確定之期日，自抵押權設定時起，不得逾30年。逾30年者，縮短為30年（第2項）。基於符契約自由原則及社會實際需要，當事人對於此法定之期限，自得更新之（第3項）。

（二）未約定期限

當事人於設定最高限額抵押權時，未約定確定原債權之期日者，為因應金融資產證券化及債權管理之實務需求，抵押人或抵押權人得隨時請求確定其所擔保之原債權，此為確定原債權請求權（民法第881條之5第1項）[22]。對於抵押人或抵押權人請求確定之期日，如另有約定者，自應從其約定。倘無約定，為免法律關係久懸不決，自請求之日起，經15日為其確定期日（第2項）。

五、確定擔保原債權之事由

最高限額抵押權不因抵押權人、抵押人或債務人死亡而受影響。例外情形，約定為原債權確定之事由，本於契約自由原則，自應從其約定（民法第881條之11）。

（一）約定之原債權確定期日屆至

最高限額抵押權之當事人約定原債權之確定期日，該期日屆至時，最高限額抵押權所擔保之原債權，係基於當事人之意思而歸於確定（民法第881條之12第1項第1款）。

（二）擔保債權之範圍變更或因其他事由致原債權不繼續發生

擔保債權之範圍變更或因其他事由，致原債權不繼續發生，最高限額抵押權擔保債權之流動性即歸於停止，自當歸於確定（民法第881條之12第1項第2款）。所謂原債權不繼續發生者，係指該等事由，已使原債權確定不再繼續發生者而言。例如，以特定非交易關係所生之債權為擔保債權範圍，該關係確定不再發生。倘僅一時地不繼續發生，則不該當本款之事

---

[22] 最高法院66年台上字第1097號民事判例。

由。

（三）擔保債權所由發生之法律關係或因其他事由而消滅

最高限額抵押權所擔保者，係由一定法律關係所不斷發生之債權，倘該法律關係因終止或因其他事由而消滅，則該債權不再繼續發生，原債權因而確定（民法第881條之12第1項第3款）。例如，最高限額抵押權所擔保者，係抵押權人與債務人間簽訂之特定經銷契約所生債權，該經銷契約因期間而屆滿。

（四）債權人拒絕繼續發生債權而債務人請求確定

債權人拒絕繼續發生債權時，為保障債務人之利益，允許債務人請求確定原債權（民法第881條之12第1項第4款）。例如，債權人已表示不再繼續貸放借款或不繼續供應承銷貨物，債務人為充分利用抵押物之擔保價值，即得向債權人行使確定請求權。債務人依據民法第881條之5第2項規定，請求確定原債權之期日，亦為原債權確定之事由（民法第881條之12第2項）。

（五）抵押權之實行

最高限額抵押權人聲請裁定拍賣抵押物，或依民法第873條之1之規定為清算，或第878條規定訂立契約者，足見抵押權人有終止與債務人間往來交易之意思，故為原債權確定之事由（民法第881條之12第1項第5款）。申言之，最高限額抵押權人聲請裁定拍賣抵押物，足見其已有終止與債務人間往來交易之意思，最高限額抵押權所擔保之債權，其流動性隨之喪失。故抵押權所擔保者，由不特定債權變為特定債權，抵押權與擔保債權之結合狀態隨之確定，此時最高限額抵押權之從屬性與普通抵押權相同[23]。

---

[23] 最高法院95年度台上字第596號民事判決。

（六）抵押物經法院查封

抵押物因他債權人聲請強制執行經法院查封，而為最高限額抵押權人所知悉，或經執行法院通知最高限額抵押權人者，最高限額抵押權所擔保之債權即告確定（民法第881條之12第1項第6款）。嗣後發生之款項，有礙執行效果者，自非擔保範圍[24]。但抵押物之查封經撤銷時，其情形與未實行抵押權無異，故不具原債權確定之事由。而於原債權確定後，已有第三人受讓擔保債權，或以該債權為標的物設定權利者，為保護受讓債權或就該債權取得權利之第三人權益，原債權應歸確定（民法第881條之12第3項）。

（七）債務人或抵押人破產

債務人或抵押人經裁定宣告破產者，應即清理其債務，原債權自有確定之必要。但破產裁定經廢棄確定時，即與未宣告破產同，不具原債權確定之事由（民法第881條之12第1項第7款）。而於原債權確定後，已有第三人受讓擔保債權，或以該債權為標的物設定權利者，為保護受讓債權或就該債權取得權利之第三人權益，原債權應歸確定（民法第881條之12第3項）。

（八）共同最高限額抵押權之其中不動產發生確定事由

為擔保同一債權，而於數不動產上設定共同最高限額抵押權，全部不動產所擔保之原債權，其有同時確定之必要，故其中一不動產發生確定事由者時，各最高限額抵押權所擔保之原債權，均歸於確定（民法第881條之10）。此係共同最高限額抵押權確定擔保原債權之事由，亦為共同最高限額抵押權之意義。

---

[24] 最高法院78年度第17次民事庭會議，會議日期1989年8月1日。

肆、擔保債權及最高限額抵押權之讓與

一、擔保債權之讓與

　　最高限額抵押權於原債權確定前，其不同於普通抵押之從屬性，故最高限額抵押權所擔保之債權，其於原債權確定前讓與他人者，其最高限額抵押權不隨同移轉，債權脫離擔保之範圍。第三人為債務人清償債務者，其最高限額抵押權亦不隨同移轉（民法第881條之6第1項）。例如，保證人依民法第749條為清償或第三人依民法第312條規定為清償後，而承受債權人之債權，該債權非屬擔保之範圍。最高限額抵押權所擔保之債權，其於原債權確定前經第三人承擔其債務，而債務人免其責任者，基於免責之債務承擔之法理，承擔部分即脫離擔保之範圍，抵押權人就承擔之部分，不得行使最高限額抵押權（第2項）。

二、最高限額抵押權之讓與

（一）讓與要件與類型

　　最高限額抵押權具有一定獨立之經濟價值，且為因應金融資產證券化及債權管理之實務需求，原債權確定前，抵押權人經抵押人之同意，得單獨讓與高限額抵押權，其方式有三：全部讓與、分割讓與、共有式讓與（民法第881條之8）。最高限額抵押權之單獨讓與行為屬物權行為，應依民法第758條規定，經登記始生效力。

1. 全部讓與

　　係指於原債權確定前，最高限額抵押權之全部，與其擔保債權分離，讓與受讓人而言（民法第881條之8第1項）。讓與人或原抵押權人完全脫離抵押權之法律關係，由受讓人取代其地位。

2. 分割讓與

　　係指於原債權確定前，將最高限額抵押權予以分割，而將其一與其擔保債權分離，讓與受讓人而言（民法第881條之8第1項）。讓與人保留部

分之抵押權，其與受讓人取得部分抵押權各自獨立，並位於相同次序。

3. 共有式讓與

係指於原債權確定前，讓與人及受讓人僅就最高限額抵押權成立準共有關係之讓與方法（民法第881條之8第2項）。最高限額抵押權為數人共有者，各共有人按其債權額比例分配其得優先受償之價金。但共有人於原債權確定前，另有約定者，從其約定（民法第881條之9第1項）。共有人得依前項按債權額比例分配之權利，非經共有人全體之同意，不得處分。但已有應有部分之約定者，不在此限（第2項）。

（二）共同最高限額抵押權

最高限額抵押權為數人共有者，各共有人按其債權額比例分配其得優先受償之價金。但共有人於原債權確定前，另有約定者，從其約定（民法第881條之9第1項）。例如，共有人得於同一次序範圍內，另行約定不同之債權額比例或優先受償之順序共有人。各共有人按債權額分配之比例，性質上即為抵押權準共有人之應有部分。因該應有部分受該抵押權確定時，各共有人所具有擔保債權金額多寡之影響，係居於變動狀態，其與一般之應有部分係固定者有異，倘許其自由處分，勢必影響其他共有人之權益。故共有人依前項按債權額比例分配之權利，非經共有人全體之同意，不得處分。但已有應有部分之約定者，則其應有部分已屬固定，其處分即得回復其自由原則（第2項）。

伍、抵押權人或債務人進行合併或分割

一、原債權確定前

原債權確定前，最高限額抵押權之抵押權人或債務人為法人時，倘有合併之情形，其權利義務，應由合併後存續或另立之法人概括承受。為減少抵押人之責任，故賦予抵押人或抵押物之第三取得人請求確定原債權之權，抵押人得自知悉合併之日起15日內，請求確定原債權，原債權於合併

時確定（民法第881條之7第1項本文、第2項）。為兼顧抵押權人之權益，自合併登記之日起已逾30日，或抵押人為合併之當事人者，自無保護之必要，抵押人不得請求確定原債權（第1項但書）。因法人之合併不易得知，為保障抵押人之利益，合併之法人應於合併之日起15日內，通知抵押人，違反通知義務時，其未通知而致抵押人受損害者，應負賠償責任（第3項）。前3項規定，其於民法第306條或法人分割之情形，準用之（第4項）[25]。

二、抵押人請求確定原債權

原債權確定前，最高限額抵押權之抵押權人或債務人為法人而有合併之情形者，抵押人得自知悉合併之日起相當期間，請求確定原債權，俾以減少抵押人之責任。準此，抵押人請求確定原債權係其權利而非義務，自不得僅因為抵押權人之法人有合併而改變，致加重抵押人之責任。就最高限額抵押權於確定前之擔保物權言，倘抵押權人為合併後之消滅法人，除該法人合併後，當事人另有訂定變更擔保債權範圍之契約外，此擔保物權不應及於抵押權人以外之人，故合併後為存續法人所負未經設定物上擔保之債務，非抵押權之效力所及，以保護抵押人之利益[26]。

陸、最高限額抵押權所擔保原債權確定之效力

一、從屬性之發生

最高限額抵押權所擔保之原債權確定事由發生後，該抵押權與擔保債權之結合狀態隨之確定，此時該最高限額抵押權之從屬性與普通抵押權完全相同，債務人或抵押人得請求抵押權人結算實際發生之債權額，並得就

---

[25] 民法第306條規定：營業與他營業合併，而互相承受其資產及負債者，與前條之概括承受同，其合併之新營業，對於各營業之債務，負其責任。

[26] 最高法院96年度台上字第927號民事判決。

該金額請求變更為普通抵押權之登記。但不得逾原約定最高限額之範圍，俾免影響後次序抵押權人等之權益（民法第881條之13）。

二、擔保債權之確定

最高限額抵押權所擔保之原債權確定後，除本節另有規定外。例如，民法第881條之2第2項規定，利息、遲延利息、違約金，如於原債權確定後始發生，但在最高限額範圍內者，仍為抵押權效力所及。反之，其擔保效力不及於繼續發生之債權或取得之票據上之權利（民法第881條之14）。

三、第三人清償債務以塗銷抵押權

最高限額抵押權所擔保之原債權確定後，於實際債權額超過最高限額時，為債務人設定抵押權之第三人，或其他對該抵押權之存在有法律上利害關係之人，如願代債務人清償債務，其於清償最高限額為度之金額後，得請求塗銷其抵押權（民法第881條之16）。

柒、最高限額抵押權之消滅

最高限額抵押權所擔保之不特定債權，其中一個或數個債權罹於時效消滅者，因有民法第145條第1項規定之適用，仍為最高限額抵押權擔保之範圍。職是，最高限額抵押權所擔保之債權，其請求權已因時效而消滅，如抵押權人於消滅時效完成後，5年間不實行其抵押權者，該債權不再屬於最高限額抵押權擔保之範圍（民法第881條之15）。

捌、例題解析

一、最高限額抵押權所擔保原債權之確定

（一）最高限額抵押權之定義

　　最高限額抵押權者，係指債務人或第三人提供其不動產為擔保，就債權人對債務人一定範圍之不特定債權，在最高限額內設定之抵押權（民法第881條之1第1項）。故甲公司為資金週轉而向乙銀行借款，其先提供所有A土地為乙銀行設定最高限額抵押權，以擔保本金最高額新臺幣500萬元內之債權，擔保期間30年，甲公司於設定抵押權之期間，陸續向乙銀行借款，該陸續發生之借款債務，僅要在最高額之數額內，均為抵押權擔保之範圍。

（二）擔保原債權之確定事由

　　最高限額抵押權所擔保者，係由一定法律關係所不斷發生之債權，倘該法律關係因終止或因其他事由而消滅，則該債權不再繼續發生，原債權因而確定（民法第881條之12第1項第3款）。甲公司欲結束營業，乃於擔保期間未屆滿前，清償對乙銀行全部之債務，是乙銀行對甲公司之債權業經清償而消滅，則該借款債權不再繼續發生，擔保原債權因而確定，故得請求乙銀行塗銷最高額抵押權。

二、最高限額抵押權擔保之債權

　　時效完成後之債權，債權本身並不歸於消滅，僅債務人發生拒絕給付之抗辯而已，採抗辯權發生主義（民法第144條第1項）。該項債務變成自然債務，如債務人任意給付或提出擔保時，亦屬有效，不得以不知時效為理由，請求返還（第2項）。丙向丁借款100萬元，約定1年後清償，丙未依約清償，丁之借款請求權因15年間不行使而消滅（民法第125條）。丁於時效完成後，向丙請求清償借款，因債權本身並未消滅，故丙自得提供其所有B土地為丁設定最高限額抵押權，以擔保該借款。

【習題49】

最高限額抵押權人甲持債務人乙名義之借據,聲請法院裁定准予拍賣抵押物。倘乙否認該借據為真正或主張已完全或部分清償,對抵押債權之存在或債權數額,有所爭執,試問法院能否許可拍賣抵押物之裁定?

最高限額抵押權,於抵押權成立時,未必先有債權存在,不得僅因抵押權之登記而逕行准許拍賣抵押物,故抵押權人必須提出證據證明有抵押債權存在。因法院於聲請拍賣抵押物事件,採形式審查主義,縱使債務人或抵押人否認各該證據為真正,對抵押債權之是否存在,有所爭執,法院乃應就證據為形式上之審查,而為准駁,不為實體法律關係之審酌。形式上已有債務人名義之借據,用以證明抵押債權存在,法院即應許可拍賣抵押物[27]。

【習題50】

甲為乙設定最高限額抵押權,以擔保乙對甲之借款債權,嗣後乙將借款債權讓與於丙,試問該借款債權是否為最高限額抵押權所擔保之範圍?

最高限額抵押權所擔保之債權,其於原債權確定前讓與他人者,其最高限額抵押權不隨同移轉,該債權脫離擔保之範圍。第三人為債務人清償債務者,其最高限額抵押權亦不隨同移轉(民法第881條之6第1項)。

第三項 特殊抵押權

本項目標在使研讀者瞭解共同抵押、權利抵押權、動產抵押權及法定抵押權。因共同抵押之各抵押物賣得價金之分配次序、內部分擔債權金額之計算方式、求償權人或承受權人行使權利之範圍與方式,為本項探討之重點。

---

[27] 林洲富,實用非訟事件法,五南圖書出版股份有限公司,2017年1月,10版1刷,頁118。最高法院80年度第4次民事庭會議(2)。

例題46

　　甲對乙負有新臺幣（下同）600萬元之債務，由丙、丁、戊分別提供其所有之A、B及C土地設定抵押權於乙，共同擔保該債權，其均未限定各個不動產所負擔之金額。嗣後甲逾期未能清償，乙乃聲請法院對A、B土地同時拍賣，A土地拍賣所得價金為500萬元，B土地拍賣所得價金為300萬元。試問A、B及C土地，各對債權分擔之金額為何？

例題47

　　己對庚負有新臺幣（下同）600萬元之債務，由辛、癸、卯分別提供其所有之D、E及F土地設定抵押權於庚，共同擔保該債權，其各限定D、E及F土地所負擔之金額為300萬元、200萬元、100萬元。嗣後己逾期未清償，庚聲請對D、E土地同時拍賣，D土地拍賣所得價金為500萬元，E土地拍賣所得金為300萬元。試問D、E及F土地，各對債權分擔之金額為何？

壹、共同抵押

一、定　義

　　共同抵押或總括抵押權，係指為擔保同一債權之擔保，於數不動產上設定抵押權，而未限定各個不動產所負擔之金額者，抵押權人得就各個不動產賣得之價金，受債權全部或一部之清償（民法第875條）[28]。因設定抵押權所提供之數筆不動產，未限定各個不動產所負擔之金額時，均須擔保債權之全部，在債權未全部受償前，尚不生抵押權部分消滅之效力，此具

---

[28] 最高法院75年度台上字第1215號民事判決。

有連帶抵押之性質[29]。例如，甲對乙有新臺幣（下同）100萬元之債權，甲提供其所有之A與B土地為乙設定抵押權，並未限定各土地負擔之金額，假設拍賣A土地可得100萬元，拍賣B土地僅得50萬元。甲得單就A土地之賣價受其債權全部清償；或者先就B土地之賣價取償50萬元，再對A土地的賣價中受50萬元之清償。準此，甲實行抵押權時，是否一併聲請拍賣或擇一拍賣，其得自由選擇。

二、共同抵押之實行

　　抵押權人就實行抵押權之標的物，除受強制執行法第96條規定外，其於共同抵押權之場合，抵押權人請求就數抵押物或全部抵押物同時拍賣時，如拍賣之抵押物中有為債務人所有者，為期減少物上保證人之求償問題，亦不影響抵押權人之受償利益，抵押權人應先就債務人所有，而供擔保之抵押物賣得之價金受償（民法第875條之1）[30]。

三、共同抵押物之分擔額

（一）未限定各不動產負擔

　　未限定各個不動產所負擔之金額時，依各抵押物價值之比例（民法第875條之2第1項第1款）。抵押物價值之認定，應以拍定或債權人承受之價格為準。

（二）限定各不動產負擔

　　已限定各個不動產所負擔之金額時，依各抵押物所限定負擔金額之比例（民法第875條之2第1項第2款）。倘各抵押物所限定負擔金額較抵押物

---

[29] 最高法院52年台上字第1693號民事判例。

[30] 強制執行法第96條第1項規定：供拍賣之數宗不動產，其中一宗或數宗之賣得價金，已足清償強制執行之債權額及債務人應負擔之費用時，其他部分應停止拍賣。第2項規定：前項情形，債務人得指定其應拍賣不動產之部分。但建築物及其基地，不得指定單獨拍賣。

價值為高者，為期平允，以抵押物之價值為準（第2項）。嚴格言之，限定各不動產負擔金額時，各不動產對於同一債權之擔保，係分別負責，其屬可分債務之性質，並無連帶債務可言。

（三）部分不動產限定各不動產負擔

僅限定部分不動產所負擔之金額時，依各抵押物所限定負擔金額與未限定負擔金額之各抵押物價值之比例（民法第875條之2第1項第3款）。倘各抵押物所限定負擔金額，較抵押物價值為高者，為期平允，以抵押物之價值為準（第2項）。

四、求償權人或承受權人行使權利範圍

為同一債權之擔保，於數不動產上設定抵押權者，在各抵押物分別拍賣時，求償權人或承受權人行使權利範圍，適用下列規定（民法第875條之4）：

（一）經拍賣之抵押物為物上保證人所有

經拍賣之抵押物為債務人以外之第三人所有，而抵押權人就該抵押物賣得價金受償之債權額，超過其分擔額時，該抵押物所有人就超過分擔額之範圍內，得請求其餘未拍賣之其他第三人，償還其供擔保抵押物應分擔之部分，並對該第三人之抵押物，以其分擔額為限，承受抵押權人之權利。但不得有害於抵押權人之利益。

（二）經拍賣之抵押物為同一人所有

經拍賣之抵押物為同一人所有，而抵押權人就該抵押物賣得價金受償之債權額，超過其分擔額時，該抵押物之後次序抵押權人就超過分擔額之範圍內，對其餘未拍賣之同一人供擔保之抵押物，承受實行抵押權人之權利。但不得有害於該抵押權人之利益。本款所稱「同一人所有」，除債務人所有之抵押物經拍賣之情形外，亦包括物上保證人所有之抵押物，經拍賣之情形。

貳、權利抵押權

　　所謂權利抵押權者，係以所有權以外之不動產物權或準物權為標的之抵押權。例如，地上權、農育權及典權，均得為抵押權之標的物（民法第882條）。普通抵押權及最高限額抵押權之規定，權利抵押與其他抵押權之場合，準用之（民法第883條）。再者，採礦權（礦業法第10條第2項）與漁業權（漁業法第24條第1項）均得設定抵押權，此屬以準物權設定抵押權（礦業法第8條；漁業法第20條）。

參、動產抵押權

一、動產抵押權之定義

（一）以動產擔保債權

　　所謂動產抵押者，係指抵押權人對債務人或第三人不移轉占有，而就供擔保債權之動產設定動產抵押權，嗣於債務人不履行契約時，抵押權人得占有抵押物，並得出賣，就其賣得價金優先於其他債權而受清償之交易（動產擔保交易法第15條）。茲分析其定義如後：1.動產抵押權，係以動產抵押為標的物之抵押權。2.動產抵押權，係由債務人或第三人就其動產所設定之擔保物權。3.動產抵押權，係不移轉標的物占有之擔保物權。4.動產抵押權，係指抵押權人得占有，並出賣抵押物而優先受償之擔保物權。

（二）抵押權人之抵押物占有權

　　債務人不履行契約或抵押物被遷移、出賣、出質、移轉或受其他處分，致有害於抵押權之行使者，抵押權人得占有抵押物，此為抵押權人之抵押物占有權（動產擔保交易法第17條第1項）。經登記之契約，如載明應逕受強制執行者，得依該契約聲請法院強制執行之（第3項）。此與不動產抵押不須占有抵押物，兩者不同。

二、動產抵押之標的物

機器、設備、工具、原料、半製品、成品、車輛、農林漁牧產品、牲畜及總噸位未滿20噸之動力船舶或未滿50噸之非動力船舶，均得為動產擔保交易之標的物。前開各類標的物之品名，由行政院視事實需要及交易性質以命令定之（動產擔保交易法第4條）。動產擔保交易之標的物，有加工、附合或混合之情形者，其擔保債權之效力，並及於加工物、附合物或混合物，但以原有價值為限（動產擔保交易法第4條之1）。

三、動產抵押權成立

動產擔保交易，應以書面訂立契約，其為要式契約。非經登記，不得對抗善意第三人（動產擔保交易法第5條）。準此，動產擔保交易經訂立要式之書面契約，即於當事人間發生效力，採書面成立主義。至於登記與否，僅屬對抗善意第三人之要件，係登記對抗主義，而非生效要件，其與不動產抵押以登記為生效要件者，有所不同。

四、動產抵押權之有效期間

動產抵押權有其存續期間，存續期間屆滿後，動產抵押權會自動失效，此為動產抵押之有效期間。詳言之，動產抵押權之登記，其有效期間從契約之約定，契約無約定者，自登記之日起有效期間為1年，期滿前30日內，債權人得聲請延長期限，其效力自原登記期滿之次日開始（動產擔保交易法第9條第1項）。

五、動產抵押權之實行

（一）程　序

動產抵押權之實行可分二個程序：1.占有抵押物；2.出賣或拍賣抵押物。詳言之：1.抵押權人出賣占有抵押物，除抵押物有敗壞之虞，或其價值顯有減少，足以妨害抵押權人之權利，或其保管費用過鉅者，抵押權人於占有後，得立即出賣外，應於占有後30日內，經5日以上之揭示公告，

就地公開拍賣之，並應於拍賣10日前，以書面通知債務人或第三人（動產擔保交易法第19條第1項）；或者依民法債編施行法第14條規定辦理（動產擔保交易法第21條），此均屬自行拍賣。2.抵押權人不自行拍賣，得聲請法院裁定許可後，聲請執行法院拍賣之。

（二）讓與之債權附有不動產抵押權

讓與之債權附有不動產抵押權者，依民法第295條第1項前段規定，抵押權於債權讓與時，隨同移轉於債權受讓人，受讓人於抵押權變更登記前，即取得不動產抵押權，雖不受民法第758條規定之限制。惟此項依法律直接之規定而取得之不動產物權，其情形與第759條所規定者相同，非經登記不得處分。而拍賣抵押物，足以發生抵押權變動之效力，抵押權人為實行其抵押權，聲請法院拍賣抵押物，自屬抵押權之處分行為。是債權受讓人因受讓債權而取得其附隨之不動產抵押權，非經登記不得實行抵押權，聲請法院拍賣抵押物。

六、動產抵押權與不動產抵押權之相異處

	動產抵押權	不動產抵押權
標的物	動產（動產擔保交易法第 4 條）	土地及其定著物（民法第 66 條）
登記效果	對抗要件（動產擔保交易法第 5 條）	登記生效（民法第 758 條）
實行抵押權	抵押權人必先占有抵押物，並事先通知債務人或第三人（動產擔保交易法第 18 條）	抵押權人不須占有抵押物，亦無通知之義務
刑事責任	動產抵押人有刑事責任	不動產抵押人無刑事責任
法定抵押權	無法定抵押權	有法定抵押權
危險負擔	抵押物之危險由抵押人負擔（動產擔保交易法第 13 條）	抵押物之危險由抵押權人負擔（民法第 872 條第 2 項）
損害賠償責任	動產抵押權人違反法定義務時，應負損害賠償或支付遲延金之責任（動產擔保交易法第 10 條、第 22 條）	不動產抵押權人並無損害賠償責任

肆、承攬人之抵押權

　　承攬之工作為建築物或其他土地上之工作物，或為此等工作物之重大修繕者，承攬人得就承攬關係報酬額，對於其工作所附之定作人之不動產，請求定作人為抵押權之登記；或對於將來完成之定作人之不動產，請求預為抵押權之登記（民法第513條第1項）。此項抵押權為承攬人之抵押權，其成立要件有五：(一)須承攬之工作為建築或其他土地上工作物或其重大修繕。(二)須有承攬人與定作人之關係。(三)須為承攬關係之報酬。(四)須以工作所附之定作人的不動產為標的物，如為第三人之不動產，承攬人不得請求為抵押權之登記。(五)須為抵押權之登記，性質為強制性之意定抵押權。因承攬人之抵押權亦屬抵押權之一環，故準用普通與最高限額抵押權之規定（民法第883條）。

伍、實例解析

一、未限定共同抵押物所負擔金額

（一）共同抵押物之分擔額

　　未限定各個不動產所負擔之金額時，依各抵押物價值之比例（民法第875條之2第1項第1款）。為同一債權之擔保，而於數不動產上設定抵押權者，在抵押物全部或部分同時拍賣，而其賣得價金超過所擔保之債權額時，經拍賣之各抵押物對債權分擔金額之計算，準用民法第875條之2規定（民法第857條之3）。甲對乙負有新臺幣（下同）600萬元之債務，由丙、丁、戊分別提供其所有之A、B及C土地設定抵押權於乙，共同擔保該債權，其均未限定各個不動產所負擔之金額。因甲逾期未能清償，乙聲請法院對A、B土地同時拍賣，A土地拍賣所得價金為500萬元，B土地拍賣所得價金為300萬元。準此，A土地對債權之分擔金額為600萬元×500萬元÷（500萬元＋300萬元）＝375萬元，B土地對債權之分擔金額則為600

萬元×300萬元÷（500萬元＋300萬元）＝225萬元。拍賣抵押物之執行法院，自應按此金額清償擔保債權。

（二）求償權與承受權之行使

　　經拍賣之抵押物為債務人以外之第三人所有，而抵押權人就該抵押物賣得價金受償之債權額，超過其分擔額時，該抵押物所有人就超過分擔額之範圍內，得請求其餘未拍賣之其他第三人償還其供擔保抵押物應分擔之部分，並對該第三人之抵押物，以其分擔額為限，承受抵押權人之權利（民法第875條之4第1款）。因A、B土地賣得價金清償債權額，均已逾其分擔額，故丙、丁得對C土地之應分擔額行使求償權，並承受抵押權人甲之權利。

二、限定共同抵押物所負擔金額

（一）共同抵押物之分擔額

　　已限定各個不動產所負擔之金額時，依各抵押物所限定負擔金額之比例（民法第875條之2第1項第2款）。己對庚負有600萬元之債務，由辛、癸、卯分別提供其所有之D、E及F土地設定抵押權於庚，共同擔保該債權，其各限定D、E及F土地所負擔之金額為300萬元、200萬元、100萬元。嗣己逾期未能清償，庚聲請對D、E土地同時拍賣，D土地拍賣所得價金為500萬元，E土地拍所得金為300萬元，故D、E土地對債權分擔之金額，D土地對債權之分擔金額為600萬元×300萬元÷（300萬元＋200萬元＋100萬元）＝300萬元，E土地對債權之分擔金額為600萬元×200萬元÷（300萬元＋200萬元＋100萬元）＝200萬元。

（二）求償權與承受權之行使

　　因D、E土地賣得價金清償債權額均已逾其分擔額，故辛、癸得依據民法第875條之4第1款對F土地之應分擔額行使求償行使求償權，並承受抵押權人庚之權利。F土地對債權之分擔金額為600萬元×100萬元÷（300萬元＋200萬元＋100萬元）＝100萬元。

【習題51】

甲向乙承攬A大樓之新建工程，興建完成後，乙辦理第一次建物登記後，以A大樓與其B基地之所有權，為丙銀行設定抵押權，以擔保其對丙銀行之借款債權，倘該等不動產遭法院拍賣，試問何者債權得優先受償？

承攬人之法定抵押權，係採登記生效主義（民法第513條）。縱使該承攬債權成立在前，亦不得主張其優先於已設定之抵押權。

【習題52】

丁將其C車設定動產抵押而向戊借款，某日C車發生故障，丁將C車送至己處修理，因丁未依約給付修理費，試問己得否對其C車主張留置權？

動產抵押權人之權利有：(一)抵押權人依本法規定實行占有抵押物時，不得對抗依法留置標的物之善意第三人（動產擔保交易法第25條）。(二)設定動產抵押之債務人或第三人，故意使留置權發生，致生損害於抵押權人者，處1年以下有期徒刑、拘役或科或併科2千元以下之罰金（動產擔保交易法第40條）。準此，倘己為善意第三人，可對C車可主張留置權。

第三節　質　權

　　質權係指債權人為其債權擔保，占有債務人或第三人之物，而就其物有優先受清償之權利。我國之質權種類有動產質權及權利質權二種。

第一項　動產質權

　　本項目標在使研讀者瞭解動產質權之定義、動產質權之取得、動產質權效力、動產質權之消滅、最高限額質權及營業質。本項探討之重點在於質權之類型與效力。

例題48

　　甲因事出國，臨行前其所有A鑽戒1枚交付友人乙保管，乙未經甲同意，以A鑽戒為標的物設定質權予不知情之丙，而向丙借款新臺幣10萬元，並完成A鑽戒之交付。試問乙屆清償期不清償借款，丙得否拍賣A鑽戒取償？

例題49

　　丁向戊借款，交付其所有之汽車與戊，為戊設定質權以擔保借款債權，戊於清償期屆至前，未經丁之同意，為擔保其對己之債權，而將該汽車轉質於己。試問因己之行為導致汽車滅失，戊是否應負責？

壹、動產質權之定義

一、動產質權為擔保物權

　　所謂動產質權者（lien of personal property），係指債權人對於債務人或第三人移轉占有（possess）而供其債權擔保之動產，質權人（lien creditor）得就該動產賣得價金，受優先清償之權（民法第884條）。職是，動權質權為擔保物權之一種，為擔保債務之履行而設，係於債務人或第三人之特定物或權利上，所設之一種定限物權，其標的物應為動產，此與留置權相同，而與不動產抵押，係以不動產為標的而有所不同。

二、動產質權應占有債務人或第三人所交付之動產

　　質權之標的物，須以可供確保債權受償之特定物或權利為限。質權之設定，係以移轉供擔保之動產於債權人占有為生效要件，此為要物契約（民法第885條第1項）。移轉占有不限於現實交付，亦包含簡易交付或

指示交易。例如，甲向乙借款新臺幣50萬元，甲移轉其所有A汽車予乙占有，以A汽車為乙設定質權，作為清償該項擔保借款。再者，為維持質權之留置效力，質權人不得依占有改定之方式使出質人或債務人代自己占有質物（第2項）。

三、動產質權人就質物賣得價金有優先受償之權利

債務人不依約清償債務，質權人不僅得留置質物，其亦有質物之變賣權與優先受償權。故質權人得實行質權，就該動產賣得價金，受優先清償之權，此與抵押權相同。

貳、動產質權之取得

一、基於法律行為

（一）設定質權

所謂設定質權者，係指債務人或第三人為擔保債權，而將其動產以設定質權之意思，移轉占有予債權人之行為。動產質權設定之當事人有二：質權人與出質人。質權人為債權人，出質人係質物之提供人，為債務人或第三人。動產質權，以擔保債權清償為目的，須有受其擔保之債權存在，故為從權利。

（二）債權之受讓

因質權從屬於其所擔保之債權，其具有從屬性，故質權必須與其所擔保之債權一併受讓，不得與其所擔保之債權分開而單獨讓與，僅能與其所擔保之債權一併讓與（民法第295條第1項本文）。

二、非基於法律行為取得

（一）繼　承

質權並非專屬權利，不具專屬性。準此，債權人死亡時，其債權連同

擔保該債權之質權，則由其繼承人繼承之，繼承人為質權人（民法第1148
條第1項）。

（二）時效取得

　　債權人以行使質權之意思，10年間和平、公然、繼續占有他人之動產
者，取得其所有權。倘占有之始為善意並無過失者，則於5年間取得其所
有權（民法第772條、第768條、第768條之1）。此種取得非基於設定行
為，其應屬於原始取得。

（三）善意受讓

　　動產質權人善意受讓占有動產，非明知或無重大過失而不知質權人無
設質權利者，即受關於占有規定之保護者，故縱使出質人（lienee）無處
分其質物之權利，質權人仍取得質權，其屬於原始取得（民法第886條、
第948條）。

（四）法定質權

　　受擔保利益人對於供擔保人所提存現金、有價證券或其他提存物，其
與質權人有同一權利（民事訴訟法第102條第1項、第103條第1項、第106
條）。供擔保利益人係依據民事訴訟法規定取得質權，可稱為法定質權。

參、動產質權之效力

一、質權之範圍

（一）質權所擔保債權之範圍

　　質權所擔保者為原債權、利息、遲延利息、保存質物之費用、實行質
權之費用及因質物隱有瑕疵（concealed defect）而生之損害賠償。但契約
另有訂定者，不在此限（民法第887條第1項）。所謂因質物隱有瑕疵而生
之損害賠償，係指出質人所交付之質物有瑕疵，導致占有質權人之權利受

有損害，兩者間具有相當因果關係，故應由出質人賠償。例如，出質之豬隻有傳染病，導致質權人飼養之其他豬隻亦傳染。因質權存續期間，質物由質權人占有，故質權人保存質物所生之費用，得向出質人請求償還。為兼顧出質人之利益，保存質物之費用，以避免質物價值減損所必要者為限（第2項）。例如，稅捐、修繕費、避免質物滅失等必要之保存費用。至於單純之保管費用，係本於占有關係而生，並非保存費用。例如，質物置於倉庫所須支付之倉租，如非為避免質物價值減損所必要者，其保管費用自應由質權人負擔。

（二）質權標的物之範圍

質權之效力及於出質人所交付之質物及其從物，故質權人得收取質物所生之孳息，其為質權效力所及。但契約另有約定者，不在此限（民法第889條）。

（三）代位物

動產質權因滅失得受賠償或其他利益，質權人得就賠償或其他利益取償，該擔保物權即移存於得受之賠償或其他利益，而不失其存在，此為謂擔保物權之物上代物性，該賠償或其他利益為動產質權標的物之代位物（民法第899條第1項）。準此，擔保物權之標的物滅失，其價值化為別種形態時，不論所轉化者係經濟之代位物或物理之變形物，均為擔保物權之效力所及，保險金為經濟之代位物，自為質權效力之所及。質權人對於前項出質人所得行使之賠償或其他請求權仍有質權，其次序與原質權同（第2項）。給付義務人因故意或重大過失向出質人為給付者，對於質權人不生效力（第3項）。前項情形，質權人得請求出質人交付其給付物或提存其給付之金錢（第4項）。質物因毀損而得受之賠償或其他利益，準用前四項之規定（第5項）。

二、質權人之權利

（一）孳息之收取

質權人有收取質物所生孳息之權利者，應以對於自己財產同一之注意收取孳息，並為計算（民法第890條第1項）。所謂以出質人之計算者，係指收取孳息之損益，均歸之於出質人。質權人所收取之孳息，先抵充費用，再依序抵充原債權之利息與原債權（第2項）。費用之範圍，包括保存質物與收取孳息之費用在內。

（二）質物之轉質

質權人於質權存續期間，得以自己之責任，將質物轉質（sub-lien）於第三人，此為責任轉質（民法第891條第1項）。其因轉質所受不可抗力之損失，亦應負責（第2項）。因轉質未經出質人同意，故加重質權人之責任。反之，經出質人同意轉質，承諾轉質不因轉質而加重責任。

（三）質物之預行拍賣

因質物有腐壞之虞，或其價值顯有減少，足以害及質權人之權利者，縱使其債權尚未屆清償期，質權人得拍賣質物，以其賣得價金，代充質物（民法第892條第1項）。前項情形，如經出質人之請求，質權人應將價金提存於法院。質權人屆債權清償期而未受清償者，得就提存物實行其質權（第2項）。質權人應於拍賣前，通知出質人，使出質人得及時為適當之處置。但不能通知者，不在此限（民法第894條）。

三、質權人之義務

（一）質物之保管

質權人占有質物，自應以善良管理人之注意，保管質物（民法第888條第1項）。所謂善良管理人之注意，係指依交易上一般觀念，認為有相當知識經驗及誠意之人所用之注意。倘質權人違背此種義務，導致出質人受有損害時，即應負損害賠償責任。質權人非經出質人之同意，不得使用或出租其質物。但為保存其物之必要而使用者，不在此限（第2項）。例

如，易生銹之機械，偶而使用之，以防其生銹。

（二）質物之返還

動產質權，所擔保之債權消滅時，質權人自不得繼續占有質物，其應將質物返還於有受領權之人（民法第896條）。所謂有受領權者，係指出質人或其所指定之人而言。

四、質權之實行

（一）拍　賣

質權人於債權已屆清償期，而未受清償者，得拍賣質物，就其賣得價金而受清償（民法第893條第1項）。質權人得依據債編施行法第14條規定，經法院、公證人、警察官署、商會或自治機關之證明，照市價變賣質物（非訟事件法第72條）。或者向法院聲請准予拍賣之裁定後，再聲請法院拍賣（強制執行法第4條第1項第5款）。質權人應於拍賣前，通知出質人。但不能通知者，不在此限（民法第894條）。

（二）訂立契約取得質物所有權

質權人於債權清償期屆滿後，為受清償，得訂立契約，取得質物之所有權，或用拍賣意外之方法，處分質物（民法第895條、第878條）。而約定於債權已屆清償期而未為清償時，質物所有權移屬於質權人者，準用民法第873條之1規定（民法第893條第2項）。

（三）以其他方法處分質物

質權人於債權清償期屆滿後，為受清償，而於無害於其他質權人之利益者，得訂立契約，以拍賣或取得所有權以外之方法，處分質物（民法第895條、第878條）。

肆、質權之消滅

一、債權消滅

　　質權從屬於債權，故債權消滅，質權歸於消滅。債權之請求權雖罹於時效，僅債權人取得抗辯權，債權本身不消滅，故質權亦不消滅，債權人仍得就質物取償（民法第145條第1項）。

二、質物之滅失

　　動產質權，因質物滅失而消滅。如因滅失得受賠償或其他利益，質權人得就賠償或其他利益取償，該擔保物權即移存於得受之賠償或其他利益，而不失其存在，此為擔保物權之物上代物性，該賠償或其他利益為動產質權標的物之代位物（民法第899條第1項）。

三、占有喪失

　　質權人之物上請求權時效過長，將使法律關係長久處於不確定狀態，有礙社會經濟發展，為從速確定其法律關係，並促進經濟發展，故質權人喪失其質物之占有，其於2年內未請求返還者，即無法行使占有物返還請求權而回復占有時，其動產質權消滅（民法第898條）。蓋質權之設定，因移轉占有而生效力，故質權人不得使出質人代自己占有質物。是質權人喪失其質物之占有，不能請求返還，其動產質權即歸於消滅。例如，質權人因債務人屆期未清償借款，將質物流典，轉賣與第三人，則質權人對質物所設定之質權，已因其處分行為，即質權之實現而消滅。

四、質物返還

　　動產質權，因質權人返還質物於出質人或交付於債務人而消滅。返還質物時，為質權繼續存在之保留者，其保留無效（民法第897條）。至於返還之原因如何，則非所問。

伍、特殊質權

一、最高限額質權

　　基於質權之從屬性，必先有債權發生，始可設定質權，且擔保債權一旦消滅，質權即歸於消滅。故長期繼續之交易，須逐筆重新設定質權，則有礙現代工商業社會講求交易之迅速與安全。準此，債務人或第三人得提供其動產為擔保，就債權人對債務人一定範圍內之不特定債權，在最高限額內，設定最高限額質權（民法第899條之1第1項）。前項質權之設定，除移轉動產之占有外，並應以書面為之（第2項）。關於最高限額抵押權及民法第884條至前條之規定，依其性質與最高限額質權不相牴觸者，最高限額質權準用之（第3項）。

二、營業質

　　所謂營業質者，係指當舖或其他以受質為營業者所設定之質權。其為一般民眾籌措小額金錢之簡便方法，有其存在之價值。有鑒於營業質之特性，質權人係經許可以受質為營業者，僅得就質物行使其權利。出質人未於取贖期間屆滿後5日內取贖其質物時，質權人取得質物之所有權，其所擔保之債權同時消滅（民法第899條之2第1項），故營業質不禁止流質契約。而前項質權，不適用第889條至第895條、第899條、第899條之1規定（第2項）。換言之，最高限額質權、質權人之孳息收取權、轉質、質權之實行方法、質物之滅失及物上代位性等，均不在適用之列。

陸、例題解析

一、善意受讓取得質權

　　動產受質人善意受讓占有動產，非明知或無重大過失而不知出質人無設質權利者，即受關於占有規定之保護者，故縱使出質人無處分其質物之權利，質權人仍取得質權（民法第886條、第948條）。甲因事出國前將

其所有A鑽戒1枚交付乙保管，乙擅自以A鑽戒為標的物設定質權予丙，而向丙借款新臺幣10萬元，並移轉A鑽戒占有，因丙不知A鑽戒非乙所有，縱使出質人乙無處分A鑽戒之權利，應適用善意受讓之規定，丙仍取得對A鑽戒質權。準此，質權人丙於對乙之借款債權已屆清償期，而未受清償者，得拍賣A鑽戒，就其賣得價金而受清償（民法第893條第1項）。

二、轉質之效力

質權人於質權存續中，得以自己之責任，將質物轉質於第三人，此為質權人對於質物之處分權（民法第891條第1項）[31]。質權人因轉質所受不可抗力之損失，亦應負責（第2項）。蓋轉質未經出質人同意，故加重質權人之責任，質權人應負非常事變責任。丁向戊借款，交付其所有之汽車與戊，為戊設定質權以擔保借款債權，戊於清償期屆至前，未經丁之同意，為擔保其對己之債權，擅自將該汽車轉質於己，因己之行為導致汽車滅失，不論原因如何，戊亦應負責。

【習題53】

甲將其名犬A設質於經營犬隻買賣之乙，因A犬罹患狂犬病，導致乙之其餘犬隻亦遭感染，試問甲應否負責？
質權所擔保之範圍，包含因質物隱有瑕疵而生之損害賠償（民法第887條第1項）。

【習題54】

丙以其所有之5部機車為質物，而向丁借款新臺幣（下同）10萬元，丙嗣後清償4萬元，試問丙得否請求返還2部機車？
基於動產質權之不可分性，債務人於清償全部債務前，債權人仍得就全部

---

[31] 劉振鯤，實用民法概要，元照出版有限公司，2002年10月，5版2刷，頁310。

之質物行使質權[32]。

【習題55】

試說明動產質權之設定方式。

設定質權者，係指債務人或第三人為擔保債權，而將其動產以設定質權之意思，移轉占有予債權人或質權人之行為。

第二項　權利質權

　　本項目標在使研讀者瞭解權利質權之定義、權利質權之設定、權利質權之效力、權利質權之實行、第三債務人之清償。

例題50

　　甲以其所有之A公司發行之記名股票，向丙設定權利質權，並依民法第902條及公司法第165條第1項規定，記載於股票及公司股東名簿，茲乙公司分派各股東盈餘，除現金股利外，由盈餘中提出一部分，改配增資配股，丙係質權人。試問此項盈餘及增資之配股，是否為權利質權之效力所及？

例題51

　　乙看好股票市場，故持面額新臺幣（下同）100萬元之可轉讓定期存單，為B銀行設定權利質權，並向B銀行借款80萬元，乙借得該款項後，將其全數入股市，無奈事與願違，造成血本無歸，導致借款期限屆至後，無法依約清償，該可轉讓定期存單亦已到期。試問B銀行得否實行權利質權取償？理由為何？

---

[32] 陳明暉，動產質押，書泉出版社，1992年7月，2版2刷，頁26-27。

壹、權利質權之定義

一、權利質權為質權之一環

民法之物權係以物為客體，為對物之支配權，對於權利之支配權，通常謂之為準物權。故以權利作為質權之標的，稱之為權利質權（lien of right）或準質權，其為質權之一環。權利質權之效力，除另有特別規定外，準用動產質權規定（民法第901條）。

二、可讓與之債權及其他權利為標的物

權利質權為價值權，經由取得設質權利之交換價值，以供債權之優先清償。而得為質權之標的物，係以可讓與之債權及其他權利等財產權為範圍（民法第900條）。所謂可轉讓與之債權，係指債權之性質或當事人特約不得讓與及禁止扣押之債權以外之一切債權（民法第294條之反面解釋）。所謂其他權利，係指所有權及不動產限制物權以外，其與質權性質不牴觸之其他財產權。例如，有價證券、著作權、專利權、商標權等。至於不動產之所有權狀，僅為權利之證明文件，並非權利之本身，自無法作為權利質權之標的物。權利質權，除有特別規定外，準用關於動產質權之規定（民法第901條）。

貳、權利質權之設定

一、依權利讓與之規定

（一）權利質權之設定

權利質權之設定，除本節有規定外，並應依關於其權利讓與之規定為之（民法第902條）。舉例說明如後：1.債權設質雖須通知債務人（民法第297條第1項），否則對債務人不生效力，惟債權質權之設定仍屬有效成立。2.記名股票設定權利質權，非將質權人之本名或名稱記載於股票，並將質權人之本名或名稱及住所記載於公司股東名簿，不得以其設質對抗公

司（公司法第165條第1項）。

（二）權利屬出質人所有

民法第902條規定，權利質權之設定，除依本節規定外，並應依關於其權利讓與之規定為之。所謂應依關於其權利讓與之規定為之，係指權利質權之設定應依「權利讓與」之方式辦理。例如，權利之讓與應以書面為之，以該權利設定權利質權，應以書面為之；權利之讓與應經登記，始得對抗善意第三人，以該權利設定權利質權，即應經登記，始得對抗善意第三人。設定權利質權後，該權利仍屬出質人所有，不需將權利移轉予受質人[33]。

二、普通債權之設定

以債權為標的物之質權，其設定應以書面（writing）為之（民法第904條第1項）。設定權利質權為要式行為，倘未立具書面，則設定權利質權之行為，自不生效力。而所謂書面之形式，法未明定其一定之格式，由出質人與質權人同意將設定權利質權之意旨，載明於書面者，即為已足。再者，債權有證書者，出質人有應交付其證書於債權人之義務（第2項）。所謂債權證書，係指證明債權之文件而言（民法第296條）。而債權證書之交付，非債權質權設定之要件。

三、有價證券之設定

（一）無記名證券之設質

所謂有價證券質權者，係指以有價證券所表彰或衍生之權利為標的之質權。質權以未記載權利人之有價證券為標的物者，因交付其證券於質權人，即生設定質權之效力，其與動產質權之設定相同（民法第908條第1項前段）。

---

[33] 最高法院102年度台再字第16號民事判決。

（二）其他有價證券之設質

其他有價證券之設質，係指無記名證券以外之有價證券而言，其包含記名證券與指示證券。而以其他之有價證券為標的物者，並應依背書方法為之（民法第908條第1項後段）。前項背書，得記載設定質權之意旨（第2項）。故此類證券設質之要件有三：1.當事人設定質權之合意；2.證券之交付；3.背書。例如，股票為有價證券，得為質權之標的，其以無記名式股票設定質權者，因股票之交付而生質權之效力，其以記名式股票設定質權者，除交付股票外，並本於設質之合意將背書之股票交付於質權人，而無須於背書處記載表示設質或其他同義之文字[34]。

參、權利質權之效力

一、一般權利質權

為質權標的物之權利，非經質權人之同意，出質人不得以法律行為，使其消滅或變更，如免除債務、緩期清償等，以避免質權人遭受意外之損害（民法第903條）。

二、有價證券質權之效力

質權以有價證券（主證券或基本證券）為標的物者，其附屬（coupon）於該證券之利息證券、定期金證券或其他附屬證券（從證券），以已交付於質權人者為限，其質權之效力及於該等附屬之證券（民法第910條第1項）。因從證券與主證券分別獨立，而質權之設定以質權人占有質物為生效要件（民法第885條、第908條）[35]。如出質人未將以發行之附屬證券交付質權人，則非質權效力所及。附屬之證券，係於質權設定後發行者，除另有約定外，質權人得請求發行人或出質人交付之（第2項）。

---

[34] 最高法院56年台抗字第444號民事判例。
[35] 謝在全，民法物權下冊，自版，修訂3版，2004年8月，頁340。

肆、權利質權之實行

一、金錢債權質權之實行

為質權標的物之債權，以金錢給付為內容，而其清償期先於其所擔保債權之清償期者，質權人得請求債務人提存之，並對提存物行使質權（民法第905條第1項）。嗣後質權人之質權，即存於提存物上。反之，為質權標的物之債權，其清償期後於其所擔保債權之清償期者，質權人於其清償期屆至時，得就擔保之債權額，為給付之請求（第2項）。準此，以金錢債權為標的物之質權，債權已屆清償期者，質權人得請求債務人交付質權標的物。

二、不動產物權設定或移轉之實行

為質權標的物之債權，以不動產物權之設定或移轉為給付內容者，其於清償期屆至時，質權人得請求債務人將不動產物權設定或移轉於出質人，並對該不動產物權有抵押權（民法第906條之1第1項）。使質權合法轉換為抵押權，以確保質權人之權益。前項抵押權應於不動產物權設定或移轉於出質人時，一併登記（第2項）。

三、拍賣或拍賣以外之方法實行

質權人於所擔保債權清償期屆至而未受清償時，除依前三條規定外，亦得依第893條第1項或第895條規定實行其質權（民法第906條之2）。換言之，質權人不但得依民法第905條至第906條之1等規定行使權利，亦得拍賣質權標的物之債權或訂立契約、用拍賣以外之方法實行質權，均由質權人自行斟酌選擇之。

四、質權人使質權標的物之債權屆清償期

為質權標的物之債權，如得因一定權利之行使，而其清償期始屆至者，質權人於所擔保債權清償期屆至而未受清償時，亦得行使該權利（民

法第906條之3）。詳言之，質權以債權為標的物者，固須待供擔保之債權屆清償期後，質權人始得為給付之請求。然若干債權之清償期屆至，並非自始確定，須待一定權利之行使後，始能屆至。例如，未定返還期限之消費借貸債權，貸與人依民法第478條規定，須定1個月以上之相當期限催告，始得請求返還是。準此，質權人之債權已屆清償期，但供擔保之債權，因出質人為債權之債權人，其未為或不為該一定權利之行使時，為維護質權人之實行權，故賦予質權人得行使該權利。

五、質權人通知出質人之義務

債務人依民法第905條第1項、第906條、第906條之1為提存或給付時，質權人應通知出質人，但無庸得其同意（民法第906條之4）。因債權質權依法轉換為動產質權或抵押權，對出質人之權益雖無影響，惟出質人仍為質權標的物之主體，應使其有知悉實際狀況之機會，故質權人應通知出質人。該項通知，並非債務人為提存或給付之成立或生效要件，如質權人未通知出質人，致出質人受有損害，僅生損害賠償之問題。

六、有價證券質權之實行

質權以無未記載權利人之有價證券、票據或其他依背書而讓與之有價證券為標的物者，其所擔保之債權，縱未屆清償期，質權人仍得收取證券上應受之給付。因證券上之權利如不及時行使，恐將受不利益之虞，故有使證券清償期屆至之必要者，質權人有為通知或依其他方法使其屆至之權利。例如，見票後定期付款之匯票（票據法第67條），出質人須先為匯票見票之提示；或約定債權人可提前請求償還之公司債券，出質人須先為提前償還之請求，債務人僅得向質權人為給付（民法第909條第1項）。前項收取之給付，適用民法第905條第1項或第906條規定（第2項）。第906條之2及第906條之3之規定，其於以證券為標的物之質權，準用之（第3項）。

伍、第三債務人之清償

　　為質權標的物之債權，其債務人受質權設定之通知者，如向出質人或質權人一方為清償時，應得他方之同意，以保障質權人之權益。他方不同意時，債務人應提存其為清償之給付物（民法第907條）。職是，為質權標的物之債權，其債務人受質權設定通知時，倘對出質人有債權而適於抵銷者，依民法第299條第2項債權讓與之規定，固得主張抵銷。然第三債務人其受通知時，倘對出質人之債權清償期尚未屆至，自不合抵銷之要件，且一經通知，已對其發生設質之效力，縱債權日後清償期屆至，倘非經質權人之同意，債務人應不得溯及受質權設定通知時，主張抵銷，否則質權人之權益，勢必無法保障。準此，為質權標的物之債權，其債務人於受質權設定之通知後，對出質人取得債權者，不得以該債權與為質權標的物之債權主張抵銷（民法第907條之1）。

陸、例題解析

一、有價證券之質權設定

　　權利質權除本節有規定外，準用關於動產質權之規定（民法第901條）。動產質權人依除契約另有約定外，得收取質物所生之孳息（民法第889條）。民法第910條所規定者，係附屬於該證券之利息證券，定期金證券或其他附屬證券，以已交於質權人者為限，始為質權效力之所及，係指已發行附屬證券之情形而言。至於公司將盈餘轉成之增資配股，並非附屬證券之範圍，不以占有為質權生效之要件[36]。甲以其所有之A公司發行之記名股票，向丙設定權利質權，並依民法第902條及公司法第165條第1項規定，為權利質權之設定，並載於該股票及A公司股東名簿。本件股票質權係民法第908條之有價證券質權，屬權利質權之一種。準此，A公司分

---

[36] 最高法院63年度第3次民庭庭推總會議決議(2)，會議日期1974年5月28日。

派各股東盈餘，除現金股利外，由盈餘中提出一部分，改配增資配股，丙係質權人，此項盈餘及增資之配股，應為權利質權之效力所及。質權人丙自得就此行使權利質權，不以占有該增資配股之有價證券為必要。

二、權利質權之實行

為質權標的物之債權，其清償期後於其所擔保債權之清償期者，質權人於其清償期屆至時，得就擔保之債權額，為給付之請求（民法第905條第2項）。職是，以金錢債權為標的物之質權，債權已屆清償期者，質權人得請求債務人交付質權標的物。乙持面額新臺幣（下同）100萬元之可轉讓定期存單，為B銀行設定權利質權，並向B銀行借款80萬元，乙於借款期限屆至後，未依約清償，該可轉讓定期存單亦已到期，B銀行自得就該可轉讓定期存單實行權利質權以取償。

【習題56】

甲為營造業者，其提供對定作人乙所有之將來報酬新臺幣（下同）100萬元為擔保，而向丙銀行借款60萬元，試問甲是否得受領乙給付之承攬報酬？

甲之承攬報酬為質權標的之債權，倘債務人乙受質權設定之通知，乙欲向出質人甲為清償時，應得質權人丙之同意。丙不同意時，乙應提存承攬報酬（民法第907條）。

【習題57】

乙向甲借款100萬元，約定清償期為2018年10月11日，乙以其對丙之120萬元債權設定質權為擔保，而對丙債權之清償期為2018年8月19日，試問甲如何實行該金錢債權質權？

乙為甲設定質權標的物之債權，係乙對丙之金錢債權，因該質權標的物之質債權清償期為2018年8月19日，其先於其所擔保債權之清償期2018年10月11日，故質權人甲得請求第三債務人丙提存其清償之金錢，質權人甲之

質權，即存於丙提存120萬元之提存物上（民法第905條第1項）[37]。

【習題58】

乙欠甲100萬元，乙以其對丙之200萬元債權，為甲設定質權做為擔保。嗣後甲向丁借款300萬元，乃以其對乙之債權設定質權為擔保，試問丁之質權範圍為何？

以債權設質，而該債權有擔保者，依從屬主之法理與擔保權之從屬性，其亦為質權效力所及（民法第295條、第862條、第889條及第901條）。故丁之質權效力，及於乙對丙之200萬元之債權質權，而成為附質權擔保之債權質[38]。

【習題59】

我國民法所規定之質權有幾種？有何區別？

民法質權有：(一)動產質權（民法第884條）。(二)權利質權（民法第900條）。

【習題60】

試問營業質權或當舖質是否適用民法質權規定？

所謂營業質權者，係指當舖或其他以受質為營業者之質權，並無民法質權規定之適用（民法物權編施行法第14條）。關於此等營業之質權，有當舖業管理規則可資適用。依其規範可知，營業質權與民法之動產質權有如後差異：(一)無禁止流質契約，故當期屆滿後，當戶不取贖者，質物所有權即歸屬於當舖。(二)採用物之責任，質物價值超過受當債權額，當舖不負返還餘額之義務，倘質物價值不足受當債權額，當舖亦不得請求當戶補

---

[37] 謝在全，債權質權之展望（下），司法周刊，1337期，2版，2007年5月10日。

[38] 謝在全，債權質權之展望（上），司法周刊，1336期，2版，2007年5月3日。

足。營業質權固非民法上動產質權,惟當舖既占有當戶為擔保債務之履行而移交之物品,其於債務未受清償前得留置該物品,屆期當戶不取贖,當舖即取得該物品之所有權資以抵償,是營業質權自屬具擔保物權性質之特殊質權,以質物之占有,為其權利存在之要件[39]。

第四節 留置權

本節目標在使研讀者瞭解留置權之定義、留置權之取得、留置權之消滅、留置權人之權利義務、留置權爭議之處理及法定留置權。而本節探討之重點在於留置權之取得要件。

例題52

甲向乙車商買受A車,甲未付清全部買賣價金之前,乙已將汽車交付甲占有。嗣後A車進乙車商之維修廠定期保養,乙保養完畢後,甲並依約給付全部保養費與乙,因乙主張甲尚有部分之汽車買賣價金未付,而逕自留置A車。試問乙是否對A車有留置權?理由為何?

例題53

丙、丁兩家相鄰,某日丙飼養之B狗闖入丁家,將丁家庭院中之蘭花弄壞,丁扣留B狗,丙要求丁歸還B狗。試問丁是否得拒絕歸還B狗?理由為何?

---

[39] 最高法院86年度台上字第1527號民事判決。

例題54

戊至五星級之C飯店住宿，並將其攜帶之鑽戒1枚交付飯店保管，戊於C飯店住宿期間，共消費新臺幣10萬元，其僅給付部分款項，戊退房時要求取回交付保管鑽戒，C飯店以戊未清償全部消費款前為由，拒絕歸還該鑽戒，惟戊主張該鑽戒係第三人所有，C飯店不得留置。試問C飯店得否留置該鑽戒？依據為何？

壹、留置權之定義

一、法定擔保物權

所謂留置權者（right of retention），係指債權人占有屬於他人之動產，關於其物所生之債權在未受清償前，並於一定要件，得就留置物之拍賣之，以受優先清償之物權（民法第928條第1項）。故留置權係基於法律規定而生之法定擔保物權（statutory retention）。例如，甲將其所有A車送至乙開設之汽車保養廠保養，乙於甲未清償保養費前，得留置A車。所謂他人動產，其包含債務人與第三人之動產，不以債務人之動產為限。

二、應占有他人動產

留置權為法定擔保物權，以占有為要件，倘債權人於其債權已屆清償期而未受清償時，即得依民法第936條規定實行換價程序，就其留置物優先取償，故留置物應以具有財產之價值，且可轉讓者為必要。例如，不動產所有權狀僅屬證明文件並非有價證券、本身無從實行換價程序，社會觀念亦無經濟上價值，即不可轉讓，性質不適宜為留置標的[40]。

---

[40] 最高法院80年度台上字第1146號、95年度台再字第10號民事判決；臺灣高等法院94年度上字第642號民事判決。

貳、留置權之取得

一、積極要件

（一）債權已至清償期者

　　留置權之主要作用在於留置動產，以間接強制債務人履行債務，進而就留置物取償而滿足債權。原則須債務人之債務已至清償期者（mature），始得取得留置權（民法第928條第1項）。例外情形，係債務人無支付能力時，債權人縱於其債權未屆清償期前，亦有留置權（民法第931條第1項）。

（二）債權之發生與該動產有牽連之關係者

　　債權人取得留置權，必須債權之發生與占有之動產有牽連之關係（民法第928條第1項）。所謂債權之發生與占有有牽連關係（nexus），係指債權之發生係全部或一部基於該占有之動產。其情形大致有三：1.債權係由該動產本身生者。2.債權與該動產之返還義務係基於同一法律關係而生。3.債權與該動產之返還義務係基於同一事實關係而生[41]。例如，因修理或保養電器用品所生之保養費或修理費。因商業交易頻繁，其留置權之範圍較一般債權為廣，故商人間因營業關係而占有之動產，與其因營業關係所生之債權，視為有牽連關係（民法第929條）。縱其債權與占有，係基於不同關係而發生，亦無任何因果關係，亦生擬制之牽連關係[42]。

二、消極要件

（一）占有動產非基於侵權行為或惡意而來

　　債權人占有該動產，因侵權行為（tort）而占有者，即無保護之必要，不得發生留置權。例如，竊取他人之汽車支出保養費或修繕費，該竊

---

[41] 謝在全，民法物權下冊，自版，修訂3版，2004年8月，頁396-398。
[42] 最高法院60年台上字第3669號民事判例。

盜人不得主張其就該動產有留置權（民法第928條第2項前段）。其占有之始明知或因重大過失，而不知動產非為債務人所有者，倘允許其取得留置權，將與民法動產所有權或質權之善意取得精神有違，故亦排除取得留置權，此為取得留置權之消極要件（後段）。

（二）留置動產不違反公序良俗

動產之留置，倘違反公共秩序或善良風俗者（public policy or morals），不得為之（民法第930條前段）。例如，債務人將救火器械送至債權人處修理，適發生火災，債權人不得以債權未清償前而留置該救火器械，因留置該物，違反公共秩序。

（三）不得與債權人應承擔之義務或當事人間之約定相牴觸

為維持交易之誠實與信用，動產之留置，倘與債權人應承擔之義務或與債權人債務人之約定相牴觸者，亦不得留置該動產（民法第930條後段）。例如，運送人未將貨物送至目的地，即以運費未付而留置其貨物；或當事人曾約定貨物應限期運至，運送人自不得以運費未付而留置貨物。而為保護債權人之權利，如債務人於動產交付後，成為無支付能力，或其無支付能力於交付後，始為債權人所知者，其動產之留置，縱有前述情形，債權人仍得行使留置權（民法第931條第2項）。

參、留置權人之權利

一、留置物之占有

原則上債權人於其債權未受全部清償前，得就留置物之全部，行使其留置權（民法第932條本文）。蓋留置物之占有，不僅為留置權發生之要件，亦為留置權存續之要件，故留置權人得以占有人之資格受關於占有之保護。留置權係擔保物權，自具有不可分性。例外情形，係因留置權之作用雖在實現公平原則，然過度之擔保，反失公允，為兼顧保障債務人或留置物所有人之權益。留置物為可分者，僅得依其債權與留置物價值之比例

行使之（民法第932條但書）。留置物存有所有權以外之物權者，該物權人不得以之對抗善意之留置權人。例如，留置物上存有質權，該留置權宜優先於其上之其他物權（民法第932條之1）。

二、孳息之收取

債權人除契約另有約定外，其得收取留置物所生之孳息，以抵償其債權（民法第933條、第889條）。該項孳息包括法定孳息及天然孳息。其抵償之方法，即先抵費用、次抵原債權之利息，最後抵原債權（民法第933條、第890條）。

三、費用償還之請求

債權人因保管留置物所支出之必要費用，得向其物之所有人，請求償還（民法第934條）。故債務人非所有人時，債權人不得向其請求必要費用。此等費用之支出，物之所有人既因而得利益，留置權人自得請求其償還。例如，修繕費、租稅等。至於有益費用之支出，僅得依據不當得利之規定請求償還。

四、留置權之實行

債權人於其債權已屆清償期而未受清償者，得定1個月以上之相當期限，通知債務人，聲明如不於其期限內為清償時，即就其留置物取償；留置物為第三人所有或存有其他物權而為債權人所知者，應併通知之（民法第936條第1項）。債務人不於債權人所定之期限內為清償者，債權人得依關於實行質權之規定，拍賣留置物，或取得其所有權（第2項）。倘債權人不能通知債務人時，於債權清償期屆滿後，經過6個月仍未受清償時，債權人拍賣留置物，或取得其所有權（第3項）。

五、留置物之預行拍賣

因留置物有腐壞之虞，或其價值顯有減少，足以害及留置權人之權利

者，縱使其債權尚未屆清償期，留置權人得拍賣留置物，以其賣得價金，代充留置物（民法第892條第1項、第933條）。前項情形，如經債務人或留置物之所有人之請求，留置權人應將價金提存於法院。留置權人屆債權清償期而未受清償者，得就提存物實行其留置權（民法第892條第2項、第933條）。

六、聲請法院拍賣留置物

　　質權人因有民法第893條情形而拍賣質物者，倘不自行拍賣而聲請法院拍賣時，即應先取得執行名義[43]。所謂應取得執行名義，依留置權之性質與立法精神以觀，係指聲請法院為許可拍賣之裁定（非訟事件法第72條）。因留置權人依此項規定聲請拍賣留置物，屬非訟事件，法院所為准駁之裁定，無確定實體法之法律關係存否。而留置權未如抵押權，已經依法登記，故留置權人即債權人聲請許可拍賣留置物應提出相當之證據，以證明其有留置權，且該留置權有擔保債權之存在，倘留置權人不能為此項證明，或債務人即留置物所有人對此有爭執時，法院不得為許可拍賣之裁定。準此，債務人對債權之存在有爭執者，留置權人即債權人自應另行提起實體訴訟，以求解決，不得依非訟程序，聲請法院逕予裁定拍賣留置物[44]。

肆、留置權人之義務

一、留置物之保管

　　留置權人即債權人，既然占有留置物，自應以善良管理人之注意，保管留置物（民法第933條、第888條）。所謂善良管理人之注意，係指依一般交易上之觀念，認為有相當知識經驗及誠意之人所具有之注意。其已盡

---

[43] 大法官會議釋字第55號解釋。
[44] 最高法院89年度台抗字第541號民事裁定。

此注意與否，應依抽象之標準定之，即以客觀之注意能力而非以主觀之注意能力為斷[45]。

二、留置物之返還

留置物所擔保之債權消滅時，留置權人應將留置物返還於有受領權之人等語。因留置權從屬於債權，故留置權所擔保之債權消滅時，留置權人自不能繼續占有其留置物。換言之，留置權所擔保之債權消滅時，債務人自得有返還留置物請求權。

伍、留置權爭議之處理

因留置權之取得無庸登記，債權人對債務人有無擔保債權，並無依國家機關作成之登記文件可明確證明，倘債務人就留置物所擔保之債權之發生或其範圍有爭執時，應由債權人循訴訟方式，取得債權確已存在及其範圍之證明，始得聲請法院裁定拍賣留置物，以兼顧債務人之權益[46]。

陸、留置權之消滅

一、擔保之提出

債務人或留置物所有人為債務之清償，已提出相當之擔保者（proper security），債權人之留置權消滅（民法第937條第1項）。因債權人之債權既無不能受清償之虞，即無再使其留置權繼續存在之必要。倘債務人提出之擔保不相當，債權人自無接受之必要。

---

[45] 最高法院91年度台上字第2139號民事判決。
[46] 最高法院89年度台抗字第541號民事裁定。

二、占有之喪失

　　留置權之成立及存續，以占有（possess）留置物為必要（民法第937條第2項、第897條）。至於喪失之原因為何，取得占有者為何人，均非所問。例如，債權人甲聲請查封債務人乙置於丙處之動產，丙對該動產有留置權，法院不得命丙將該動產交由甲保管。蓋丙之留置權將因占有之喪失而消滅，影響某丙之權益。倘占之喪失係出於他人之不法侵奪，留置權人於2年內行使占有物返還請求權之結果，而回復其占有，則其占有既視為未喪失，自應解為其留置權依然存在（民法第937條第2項、第898條）[47]。

三、留置物滅失

　　民法第937條第2項規定，第899條規定於留置權準用之。詳言之，動產留置權，因留置物滅失而消滅。如因滅失得受賠償或其他利益，留置權人得就賠償或其他利益取償，該擔保物權即移存於得受之賠償或其他利益，而不失其存在，此為擔保物權之物上代物性，該賠償或其他利益為動產留置權標的物之代位物（民法第899條第1項）。準此，擔保物權之標的物滅失，其價值化為別種形態時，不論所轉化者，係經濟之代位物或物理之變形物，均為擔保物權之效力所及，保險金為經濟之代位物，自為留置權效力之所及。留置物權人對於前項留置物有人所得行使之賠償或其他請求權，仍有留置權，其次序與原留置權同（第2項）。給付義務人因故意或重大過失向留置物所有人為給付者，對於留置權人不生效力（第3項）。前項情形，留置權人得請求留置物所有人交付其給付物或提存其給付之金錢（第4項）。留置物因毀損而得受之賠償或其他利益，準用前4項規定（第5項）。

---

[47] 因留置權與質權均屬動產擔保物權，其目的係由債權人占有債務人或第三人所有之動產，以確保債務之受償，兩者性質近似，故民法第897條至第899條之規定於留置權準用之。

柒、特殊留置權

其他留置權或稱準留置權，除另有規定外，準用本章之規定（民法第939條）。準留置權雖屬留置權之一環，惟其所擔保之債權不必與留置物有牽連關係。

一、出租人之留置權

不動產之出租人，就租賃契約所生之債權，對於承租人之動產置於該不動產者，有留置權，其無須與承租人之物具有牽連關係（民法第445條第1項本文）。惟禁止扣押之物，則不得成為此特殊留置權之標的物（但書）。前項情形，僅於已得請求之損害賠償及本期與以前未交之租金之限度內，得就留置物取償（第2項）。再者，承租人將留置物取去者，出租人之留置權消滅。但其取去係乘出租人之不知，或出租人曾提出異議者，不在此限（民法第446條第1項）。出租人有提出異議權者，得不聲請法院，逕行阻止承租人取去其留置物；如承租人離去租賃之不動產者，並得占有其物（民法第447條第1項）。承租人乘出租人之不知或不顧出租人提出異議，而取去其物者，出租人得終止契約（第2項）。承租人得提出擔保，以免出租人行使留置權，並得提出與各個留置物價值相當之擔保，以消滅對於該物之留置權（民法第448條）。此為擔保物權不可分之例外，其與一般留置權具有不可分之性質不同。

二、營業主之留置權

主人就住宿、飲食、沐浴或其他服務及墊款所生之債權，於未受清償前，對於客人所攜帶之行李及其他物品，有留置權，無須與留置物有牽連關係（民法第612條第1項）。客人所攜帶者，未必屬客人所有，營業主人均得主張留置權。倉庫營業人依據民法第614條準用本條規定。

三、運送關係之留置權

(一)運送人

運送人為保全其運費及其他費用得受清償之必要，按其比例，對於運送物，有留置權，其為留置權不可分之例外（民法第647條第1項）。例如，運送新臺幣（下同）100萬元之貨物，運費5萬元，尚有3萬元運費未付，此際運送人僅得留置3萬元之貨物。而該留置物無須為債務人所有，留置物與擔保之債權不以有牽連關係為必要。

(二)承攬運送人

承攬運送人為保全其報酬及墊款得受清償之必要，按其比例，對於運送物有留置權，其為留置權不可分之例外（民法第662條）。至於該運送物，是否為債務人所有，在所不問。

四、土地所有人之留置權

土地所有人，遇他人之物品或動物偶至其地內者，應許該物品或動物之占有人或所有人入其地內，尋查取回（民法第791條第1項）。前項情形，土地所有人受有損害者，得請求賠償。於未受賠償前，得留置其物品或動物，此為土地所有人對於侵入物品或動物之留置權（第2項）。

捌、例題研析

一、留置權之牽連關係

債權人取得留置權，必須債權之發生與占有之動產有牽連之關係（民法第928條第1項）。所謂債權之發生與占有有牽連關係，係指債權之發生係全部或一部基於該占有之動產。甲向乙車商買受A車，甲未付清全部買賣價金之前，乙已將汽車交付甲占有。出賣人乙既將出賣之A車交付買受人甲，依民法第761條第1項規定，A車所有權已移轉於甲。嗣後A車進乙車商之維修廠定期保養，A車因保養而進廠，由乙占有該汽車，其與有牽

連關係之債權，僅為修護費用，並非買賣價金。乙保養完畢後，甲並依約給付全部保養費與乙。準此，乙主張原買賣契約之價金債權，其與占有之A車，並無牽連關係存在，乙對該汽車並無留置權可言[48]。

二、取得留置權之要件

　　動物加損害於他人者，由其占有人負損害賠償責任（民法第190條第1項本文）。丙、丁兩家相鄰，丙飼養之B狗闖入丁家，將丁家庭院中之蘭花弄壞，丙為B狗之占有人，丙對於B狗毀損丁之蘭花所造成之損害，應負損害賠償責任。丙之B狗闖入丁家，毀損丁之蘭花，丁得對丙請求侵權行為之損害賠償，該債權與B狗有牽連關係，關於B狗所造成之損害賠償債權，在未受清償前，丁得留置B狗，並加以拍賣，以受優先清償（民法第928條第1項）。準此，丙賠償丁之蘭花損害後，丙自得要求丁歸還B狗；丙未賠償損害，丁得拒絕歸還B狗。

三、特殊留置權

　　營業主留置權之成立要件有三：(一)留置權之主體須為營業主。(二)所擔保之債權須為就其營業關係所生者。(三)留置權之標的物須為客人所攜帶之物品（民法第612條）。戊至五星級之C飯店住宿，並將其攜帶之鑽戒1枚交付飯店保管，嗣後戊退房時，戊僅給付部分消費款項，而要求取回交付保管鑽戒，C飯店自得以戊未清償全部消費款前為由，拒絕歸還該鑽戒，戊雖主張該鑽戒非其所有，然留置權之標的物僅要為客人所攜帶之物品，C飯店均得留置之，不限為客人所有。準此，C飯店於戊清償全部積欠之消費款前，有權留置戊所攜帶之鑽戒。

---

[48] 最高法院62年台上字第1186號民事判例。

【習題61】

甲向承租乙之A車，甲因A車發生車禍而將其送往丙處修理，試問丙於甲修理費未給付前，得否留置A車？

留置權者，係債權人占有屬於他人之動產，關於其物所生之債權在未受清償前，並於一定要件下，得就留置物之拍賣之，以受優先清償之物權（民法第928條第1項）。所謂他人動產，包含債務人與第三人之動產。

【習題62】

丙將B車送往丁經營之修配廠修理，當事人約定B車修好後，應先讓丙試開3日，倘無問題時，丙始付修理費，丙至丁處取車試開，丁得否留置B車？

動產之留置，如與債權人、債務人間之約定相牴觸者，不得留置該動產（民法第930條後段）。

【習題63】

試說明留置權與動產質權之相同與相異處。

留置權與動產質權之異同處：如下列附表所示。

	留置權	動權質權
標的物	債務人或第三人之動產（民法第928條第1項）	債務人或第三人之動產（民法第884條）
發生原因	法定擔保物權	意定擔保物權
發生要件	動產與債權必須有牽連關係	動產與債權不須有牽連關係
占有時間	債權發生前已占有留置物	債權發生時或發生後占有
實行條件	定1個月以上之期間通知債務人（民法第936條第1項）	質權人不負催告知義務（民法第984條）
消滅原因	提出相當擔保（民法第937條）、喪失占有（民法第938條）	質權人於2年內未請求返還者（民法第897條）

第五節　特殊之動產擔保

　　本節目標在使研讀者瞭解動產擔保交易法所規範之附條件買賣與信託占有，其為民事特別法之特殊之動產擔保。除此，並知悉附條件買賣與分期付款買賣之區別。動產擔保交易法所創設之動產設定抵押、附條件買賣及信託占有等擔保制度，其共同特徵為權利之成立，均不以交付標的物為要件，其與民法之動產擔保物權，以債權人占有標的物為其成立及存續要件者不同。

例題55

　　甲因自有款項不足，乃以分期付款之方式，向車商乙購買A車1輛，並約定付清A車之全部價款後，始移轉A車所有權。試問甲何時取得A車所有權？依據為何？

例題56

　　汽車經銷商丙向丁銀行融通資金，購買汽車10輛，成立信託占有關係後，該等車輛因戊之侵權行為，導致遭受損害。試問丁銀行應如何主張權利？依據為何？

壹、附條件買賣

一、定　義

　　附條件買賣者，謂買受人先占有動產之標的物，約定至支付一部或全部價金，或完成特定條件時，始取得標的物所有權之交易（動產擔保交易法第26條）。分析其定義如後：(一)附條件買賣，係以動產為標的之買賣。(二)附條件買賣，係買受人先占有買賣標的物，而為使用收益之買

賣，其應以善良管理人之注意義務保管、使用標的物（動產擔保交易法第13條）。(三)附條件買賣，係在完成一定條件後，始取得標的物所有權之買賣。(四)附條件買賣，係以出賣人保留所有權之方式，以擔保買賣價金之債權。(五)附條件買賣，係附有保留標的物所有權約款之買賣，故買受人未經出賣人同意，擅自將標的予以處分，其屬無權處分（民法第118條第1項）。(六)附條件買賣，不得以設定抵押之動產作為標的物。違反規定者，其附條件買賣契約無效（動產擔保交易法第31條）。

二、成立要件

附條件買賣，應以書面訂立契約。非經登記，不得對抗善意第三人（動產擔保交易法第5條）。所謂善意第三人者，係指因買受人之占有標的物，致誤認其為該物之所有人，不知出賣人尚保有其所有權，因而與之為交易行為之人，始足當之。倘非誤認買受人為該物之所有人，並因而與之為交易行為者，並非善意第三人[49]。故附條件買賣以訂立書面契約為成立要件，採書面生效主義，登記僅為對抗要件，非生效要件。而附條件買賣契約應載明下列事項，如欠缺其一者，則不生效力（動產擔保交易法第27條）：(一)契約當事人之姓名或名稱、住居所或營業所。(二)買賣標的物之名稱、數量及價格，如有特別編號標識或說明者，其記載。(三)出賣人保有標的物所有權，買受人得占有使用之記載。(四)買賣標的物價款之支付方法。(五)買受人取得所有權之條件。(六)買受人不履行契約時，出賣人行使物權及債權之方法。(七)如有保險者，其受益人應為出賣人之記載。(八)管轄法院之名稱。(九)其他條件之記載，如違約金之約定。(十)訂之契約年月日。

三、出賣人之取回標的物權

附條件買賣之特性，在於出賣人藉由保留標的物之所有權，以擔保價

---

[49] 最高法院85年度台上字第516號民事判決。

金債權，故買受人之行為造成出賣人權益之損害時，法律賦予出賣人之取回標的物權。詳言之，標的物所有權移轉於買受人前，買受人有下列情形之一，致妨害出賣人之權益者，出賣人得取回占有標的物（動產擔保交易法第28條第1項）：(一)不依約定償還價款者。(二)不依約定完成特定條件者。(三)將標的物出賣、出質或為其他處分者。出賣人取回占有前項標的物，其價值顯有減少者，得向買受人請求損害賠償（第2項）。

四、標的物之再出賣

（一）非有急迫情形

買受人得於出賣人取回占有標的物後10日內，以書面請求出賣人將標的物再行出賣。出賣人縱無買受人之請求，亦得於取回占有標的物後30日內將標的物再行出賣（動產擔保交易法第29條第1項）。出賣人取回占有標的物，未受買受人前項再行出賣之請求，或於前項30日之期間內未再出賣標的物者，出賣人負償還買受人已付價金之義務，所訂附條件買賣契約失其效力（第2項）。此項規定之目的，在避免法律關係延宕不決。附條件買賣契約失其效力後，出賣人不得再向買受人請求賠償取回標的物之費用及其債權不足清償部分之損害，雙方之責任，均因而歸於消滅[50]。

（二）有急迫情形

標的物有敗壞之虞，或其價值有顯著減少，足以妨害出賣人之權利，或其保管費用過鉅者，出賣人於取回後，得立即出賣（動產擔保交易法第30條、第18條第3項但書）。

---

[50] 最高法院84年度台上字第43號民事判決。

五、附條件買賣與分期付款買賣之區別[51]

	附條件買賣	分期付款買賣
標的物	設於動產擔保交易法第4條第1項所示之動產	動產或不動產均可
成立要件	書面要式契約	不要式行為
價金給付	價金得一次給付或分次給付	價金必須分期
效力	登記對抗主義（動產擔保交易法第5條）	無公示方法

貳、信託占有

一、定　義

　　信託占有者，係指信託人供給受託人資金或信用，並以原供信託之動產標的物所有權為債權之擔保，而受託人依信託收據占有處分標的物之交易（動產擔保交易法第32條第1項）。例如，甲向乙借款購買物品，嗣物品出售得款後，再清償借款，為確實擔保乙之借款債權，當事人乃約定乙為物之所有人。茲分析信託占有之定義如後：(一)信託占有，係信託人提供受託人資金或信用，為擔保信託人對受託人之債權而設，信託人為債權人，受託人為債務人。(二)信託占有，係將標的物之所有權讓與信託人，作為債權之擔保。換言之，受託人基於其與第三人之買賣關係，所取得之標的物，依據讓與擔保之信託關係，將標的物所有權讓與信託人，作為受託人向信託人融通資金或信用擔保。(三)信託占有，係受託人依據信託收據，占有處分標的物，並以處分所得之價金，清償其對信託人之債務[52]。(四)信託占有，不得以設定抵押之動產作為標的物。違反者，該信託收據無效（動產擔保交易法第36條）。

---

[51] 劉春堂，動產擔保交易法研究，三民書局有限公司，1995年9月，初版3刷，頁112-113。

[52] 最高法院85年度台上字第2230號民事判決。

二、成立要件

信託占有，應以書面訂立之。非經登記，不得對抗善意第三人（動產擔保交易法第5條）。故信託占有以訂立書面為成立要件，而登記為對抗要件，該書面稱為信託收據，由受託人簽具交給信託人，信託收據應記載下列事項（動產擔保交易法第33條）。其為要式契約：(一)當事人之姓名或名稱、住居所或營業所。(二)信託人同意供給受託人資金或信用之金額。(三)標的物之名稱、數量、價格及存放地地點，如有特別編號標識或說明者內容。(四)信託人保有標的物所有權，受託人占有及處分標的物方法之記載。(五)供給資金或信用之清償方法，如受託人出賣標的物者，其買受人應將相當於信託人同意供給受託人資金或信用之價金交付信託人。(六)受託人不履行契約時，信託人行使物權及債權之方法。(七)如有保險者，其受益人應為信託人之記載。(八)管轄法院之名稱。(九)其他條件之記載，如違約金之約定。(十)訂立收據年月日。

三、信託人取回占有權

信託占有之特點，在於將標的物信託受託人出賣，嗣後以所賣得之價款，清償受託人對信託人融通資金之債務。故受託人之行為有害於信託人之債權時，法律賦予信託人取回占有權。詳言之，受託人有下列情形之一者，信託人得取回占有標的物（動產擔保交易法第34條）：(一)不照約定清償債務者。(二)未經信託人同意將標的物遷移他處者。(三)將標的物出質或設定抵押權者。(四)不依約定之方法處分標的物者。

四、標的物之瑕疵擔保責任

信託人同意受託人出賣標的物者，不論已否登記，信託人不負出賣人之責任，或因受託人處分標的物所生債務之一切責任（動產擔保交易法第35條第1項）。準此，標的物出賣人，應負擔之權利瑕疵擔保與物之瑕疵擔保責任，均由受託人負擔，信託人不負出賣人之責任。

參、例題解析

一、附條件買賣

　　甲以分期付款之方式，向車商乙購買A車，並約定付清A車之全部價款後，始移轉A車所有權，此為附條件買賣，其於甲給付全部價金時，始取得A車所有權（動產擔保交易法第26條）。甲、乙必須訂立書面契約，此為附條件買賣之成立要件（動產擔保交易法第5條前段）。

二、信託占有

　　汽車經銷商丙向丁銀行融通資金，購買汽車10輛，成立信託占有關係後，丁銀行基於信託占有，取得該等汽車之所有權，對於戊之侵權行為，丁銀行自得本於所有權之地位，請求戊負損害賠償之義務。

【習題64】

甲以分期付款之方式，向車商乙購買A車，並口頭約定付清A車之全部價款後，始取得所有權，試問乙得否依據動產擔保交易法主張權利？

附條件買賣以訂立書面契約為成立要件，如僅口頭為之，其買賣並非無效，僅能適用民法買賣之規定，出買人無法依據動產擔保交易法主張權利。

【習題65】

汽車經銷商丙向丁銀行融通資金，購買機器一批，成立信託占有關係後，並投保新臺幣（下同）100萬元，該等機器全數遭受毀損，經保險公司理賠100萬元。試問信託占有之擔保範圍，是否及於保險金？

信託占有有物上代位之適用，故標的物滅失時，其擔保應及於保險金。

第五章 占 有

占有為法律事實或法律狀態，雖非權利，然為維持社會秩序與現有狀態，故賦予法律之保護，使其發生一定之法律效果而形成一種法律關係（legal relationship），該法律關係得讓與或繼承[1]。

第一節 概 說

本節目標在使研讀者瞭解占有之定義、占有之公示功能、占有之種類。本節探討之重點，在於占有定義及解釋占有種類。

例題57

政府機關將其宿舍配住給其員工甲居住，甲及其配偶均亡故，由甲之子乙、乙妻丙及未成年人子丁繼續居住。嗣後政府機關因業務需要欲收回該宿舍，乙、丙及丁均拒不搬遷。試問政府機關起訴時，應列何者為被告？

壹、占有之定義

一、占有係以物為客體

所謂占有（possession），係對物有管領之事實，故對於物有事實上（de facto）管領之力者，即為占有人（possessor），被管領之物稱為占有物（民法第940條）。占有之標的物為物，其包含動產與不動產。例如，前者占有他人之電腦或圖書；後者占有他人之房屋或土地。至於動產與不

---

[1] 最高法院52年台上字第311號民事判例。

動產以外之財產權，雖得成立準占有，惟並非此處所稱之占有（民法第966條）。

二、對於物有事實上之管領力

（一）事實上之管領力

所謂事實上之管領力，係指對於物得為支配，並排除他人之干涉。而占有僅占有人對於物有事實上管領力為已足，不以其物放置於一定處所，或標示為何人占有為生效條件。反之，對於物無事實上管領力者，縱使放置於一定處所，並標示為何人占有，亦不能認其有占有之事實[2]。所謂管領力，係指對物之事實支配而言。至於對於物之事實支配，須依社會觀念個別認定。例如，甲開A車至餐廳用餐，雖將A車交由餐廳服務人員乙代覓停車位，停車完畢後將鑰匙交還甲，甲對A車具有事實上之管領力，而非餐廳服務人員乙。

（二）認定事實上管領力之參考因素

認定是否已有事實上管領力之參考因素有三：1.自空間關係而言，人與物已有場所上之結合，如房屋之基地，應認為係在房屋所有人之支配下。2.自時間關係而言，人與物已有相當時間之結合，如長期占有他人走失之動物。3.自法律關係而言，人與物因有某種關係之存在而結合，如出質人使質權人占有質物[3]。

三、占有為事實

自占有主體與物之關係以觀，占有僅為一種事實，雖非法律行為，然我國對此事實賦予法律之保護，使其發生一定之法律效果而形成一種法律關係，其為財產之法益，該法益得讓與或繼承，大致上與權利相同。故占有不僅得為侵權行為之客體，亦得為不當得利所得可請求返還之利益。

---

[2] 最高法院53年台上字第861號民事判例。
[3] 謝在全，民法物權下冊，自版，修訂3版，2004年8月，頁511-512。

四、占有主體得為自然人或法人

任何權利主體均得為占有人，其包含自然人與法人。因占有為事實，並非法律行為，占有人不以具有行為能力為限。而法人為占有人時，係經由機關管領其物。

貳、占有之公示功能

一、權利移轉之效力

動產物權之移轉，除當事人間須有動產物權之讓與合意外，並以交付該動產為生效要件，故占有動產具有權利移轉之效力（民法第761條）。

二、權利推定之效力

占有人於占有物上行使之權利，原則上推定其適法有此權利（民法第943條第1項）。其所指之權利，究為何種權利，應依占有人行使權利當時之意思定之，並非專指所有權而言，其包含物權或債權，前者如地上權；後者如租賃權[4]。例外情形，不適用推定有適法之權利如後：(一)占有已登記之不動產而行使物權。(二)行使所有權以外之權利者，對使其占有之人。

三、善意受讓之效力

以動產所有權，或其他物權之移轉或設定為目的，而善意受讓該動產之占有人，原則上基於占有之公信力，以保護交易安全，縱讓與人無移轉或設定之權利，受讓人仍取得其權利（民法第801條、第886條、第948條第1項本文）。例如，動產所有權與動產質權之善意取得。例外情形，係受讓人明知或因重大過失而不知讓與人無讓與之權利者，則不受保護（民法第948條第1項本文）。動產占有之受讓，係依第761條第2項之占有改定

---

[4] 最高法院73年度台上字第2984號民事判決。

者，以受讓人受現實交付與交付時均為善意為限，始受善意受讓之保護（民法第948條第1項）。

參、占有之種類

一、直接占有與間接占有

以標的物被占有之狀態為區別，可分直接占有及間接占有：(一)所謂直接占有者，係指占有人自身對物有事實上之管領力。(二)所謂間接占有者，係指不直接占有其物，而基於一定之法律關係，由他人代為管領，而對於直接占有人，享有返還請求權之情形。即地上權人、農育權、典權人、質權人、承租人、受寄人、或基於其他類似之法律關係，對於他人之物為占有者，該他人為間接占有人（民法第941條）。例如，承租人基於租賃關係對於租賃物為占有者，出租人為間接占有人。出租人係經由承租人維持其對物之事實上管領之力，亦為現在占有人。故所有人對於無權占有其所有物者得請求返還之（民法第767條第1項）。民法關於占有之規定，不僅直接占有適用，即間接占有亦包括在內，尤其為取得時效與占有保護之請求權。

二、自己占有與占有輔助

所謂自己占有，係指占有人自己對物為事實上之管領。所謂占有輔助人，係指於受他人指示而為他人管領物品者（民法第942條）。例如，甲為便利商店之老闆，僱用乙為店員，幫忙銷售商品，乙必須受甲之指示，故甲始為占有人，乙僅為占有輔助人。準此，占有輔助人僅為他人管領物品，輔助人對於該物品，並非直接占有人，其與基於租賃、借貸關係而對於他人之物為直接占有者，該他人為間接占有人之情形不同。故占有輔助人並非占有人，自不享有或負擔基於占有而生之權利義務。

三、有權占有與無權占有

（一）區別標準

以是否具備占有之權源為區別，可分有權占有與無權占有：(一)所謂有權占有，係指基於本權所為占有，他人不得請求其交付占有物。例如，所有人占有所有物或承租人占有租賃物。(二)所謂無權占有，係指非基於本權所有占有，故無權占有人，對於有本權之他人負有返還之義務。例如，侵奪他人之物而占有侵奪物或租約消滅後仍占有租賃物。

（二）區別實益

區別有權或無權占有之主要實益有二：1.有權占有人得拒絕他人為本權之行使，而無權占有人對本權人有返還占有物之義務。2.留置權之發生，其動產須非因侵權行為而占有，故無權占有人不得主張留置權（民法第928條第2項）。

四、善意占有與惡意占有

（一）區別標準

以無權占有人是否知悉有無占有之權利為區別，可分善意占有與惡意占有：(一)所謂善意占有者，係指占有人主觀上不知其無占有權利而占有。(二)所謂惡意占有，係指占有人主觀知悉其無占有權利所為之占有。例如，甲向乙承租機器，甲將機器出賣與丙，並交付之。如丙不知甲非所有人，為善意占有人。反之，如丙知悉甲為非所有人，則為惡意占有人。

（二）區別實益

區別善意占有與惡意占有之主要實益有四：1.不動產取得時效期間，通常為20年（民法第769條）。而占有之始為善意無過失時，其期間則為10年（民法第770條）。2.動產取得時效期間，通常為10年（民法第768條）。而占有之始為善意無過失時，其期間則為5年（民法第768條之1）。3.動產之善意受讓，以善意受讓占有為要件（民法第801條、第886條、第948條）。4.占有人對於回復請求人之權利義務，因善意或惡意占

有而有不同（民法第952條至第958條）。

五、自主占有與他主占有

（一）區別標準

以占有人是否有所有之意思區別，可分自主占有與他主占有：(一)所謂自主占有，係指以所有之意思所為之意思為占有，至於是否為真正所有人或是否自信為所有人，在所不問，故盜匪對於其所持盜贓物，亦得為自主占有。例如，買受人占有買賣標的物。(二)所謂他主占有，係指不以所有之意思所為之占有。例如，承租人占有租賃物。職是，占有輔助人即受僱人、學徒、家屬或基於其他類似之關係，受他人之指示，而對於物有管領之力者，僅該他人為占有人，亦屬他主占有（民法第942條）。認定輔助占有人，重在其對物之管領，係受他人之指示。認定是否受他人之指示，應自其內部關係觀之。例如，甲係乙之妻，基於共同生活關係，隨同乙居住於乙所承租之房屋內，甲應屬占有輔助人。

（二）區別實益

自主占有與他主占有之主要區別實益有三：1.時效取得所有權，必須以自主占有為要件（民法第768條至第770條）。2.先占以自主占有為要件（民法第802條）。3.占有人之賠償責任，亦因自主占有或他主占有而有不同（民法第956條）。

六、單獨占有及共同占有

以占有人之人數為區別，可分單獨占有與共同占有：(一)所謂單獨占有，係指一人單獨占有一物，占有人排除他人對物之支配而為占有。(二)所謂共同占有，係指數人共占有一物，各占有人就其占有物使用之範圍，內部不得互相請求占有之保護（民法第965條）。例如，甲、乙共管A保管箱，其必須結合甲、乙所保管之鎖匙，始得打開保管箱取物。在對外關係，各共同占有人得單獨請求占有之保護，對加害人行使占有物上請求權，請求返還占有物於全部共同占有人（民法第962條）。

七、繼續占有與不繼續占有

以占有在時間上,有無中斷為標準而區分:(一)繼續占有者,係指對物之占有,於時間上繼續無間斷。(二)時間有間斷者,則為不繼續占有。此區別之實益,在於取得時效之適用,以繼續占有為要件(民法第768條至第770條、第852條)。

參、例題解析─占有人之認定

一、無權占有

輔助占有人對於對物之管領,係受他人之指示。至於是否受他人之指示,仍應自其內部關係觀之。所謂內部關係所指受僱人、學徒、家屬或其他類似關係而言(民法第942條)。政府機關將其宿舍配住給其員工甲居住,甲及其配偶均亡故,由甲之子乙、乙妻丙及未成年人子丁繼續居住。嗣後A機關因業務需要欲收回該宿舍,因乙、丙及丁並無占有之本權,自有返還宿舍之義務。

二、占有輔助人之範圍

所謂無權占有,係指非基於本權所有占有,故無權占有人,對於有本權之他人負有返還之義務。乙之妻丙是否無權占有人或乙之輔助占有人,應自其內部關係定之。至於丁雖為乙、丙所生之子女,並與之住於同一屋內,然其本人如確已結婚成家獨立生活,而無從自內部關係,證明其使用之房屋係受乙之指示時,尚難謂丁為乙之輔助占有人。準此,丙及丁對房屋之管領係受乙之指示,丙與丁均為乙之輔助占有人,並非直接占有人,乙係指示丙、丁占有之人,乙始為直接占有人,政府機關應列乙為被告,請求其返還借用之宿舍。反之,丙與丁對房屋之管領並非受乙之指示,丙與丁自為直接占有人,A機關應列乙、丙及丁為共同被告[5]。

---

[5] 最高法院65年台抗字第163號民事判例。

【習題66】

甲竊取乙所有電腦設備一批，並將其出售予知情之經銷商丙，因丙之職員丁之過失，導致該批電腦遭受毀損，試問乙是否得請求丙賠償？

店員為店主之占有輔助人，係於受他人指示而為他人管領物品者，並非占有人，自不享有或負擔基於占有而生之權利義務，故乙得對主張惡意占有人丙之損害賠償責任（民法第956條）。

【習題67】

試說明我民法上占有制度之立法原則。

民法占有制度之立法原則有：(一)占有為事實，而非權利（民法第940條）。(二)區別直接占有與間接占有（民法第941條）。(三)受他人指示而管領其物者，為占有輔助人，係以他人為占有人（民法第942條）。(四)占有具有權利推定之效力（民法第943條）。(五)占有得為移轉、繼承或合併（民法第947條）。(六)設有動產善意受讓制度（民法第948條）。(七)占有之保護包含占有人之自力救濟權與占有保護請求權（民法第960條至第962條）。(八)承認權利占有，即所謂之準占有（民法第966條）[6]。

【習題68】

丙有一狼犬，其不在家時，交由傭人丁看管，丙疏於管束，導致該一狼犬咬傷路人戊，試問戊得向何人請求損害賠償？

民法第190條所稱之占有人，除直接占有人外，應包含占有輔助人，因其對動物有事實上之管領力，對於動物加損於他人者，自應負責。準此，戊得向丙或丁請求損害賠償。

6　王澤鑑，民法物權第2冊，用益物權・占有，自版，2003年10月，再刷，頁145。

第二節　占有之取得與效力

　　本節目標在使研讀者瞭解占有之取得、占有之效力。而本節探討之重點，在於占有之效力，尤其係善意受讓之要件、效力與其例外及占有人之物上請求權。

例題58

　　甲以所有意思，惡意占有乙未登記之A土地，和平、繼續15年後死亡，該占有由甲之繼承人丙以相同之方式繼續占有逾5年。試問：(一)丙得否主張時效取得A土地所有權？(二)倘甲係惡意占有A土地5年，而丙占有之始為善意並無過失，期間已逾10年，丙得否主張時效取得A土地所有權？

例題59

　　丙出國留學前，委託其友丁保管所有之B建物，丁未經丙同意擅自將B建物出租與戊，戊占有B建物後，均依約給付租金與丁。試問丙於2年後學成返國，發現B建物遭戊占有，丙應如何主張權利？

例題60

　　己趁庚上班離家之際，潛入庚家偷竊市價新臺幣20萬元之名貴勞力士手錶1只，己回家後發現家中遭竊，乃報警處理，逾2年後始尋獲該贓物，庚向己請求返還該手錶。試問己抗辯盜贓物必須2年內請求歸還，已逾除斥期間，不得請求返還，是否有理？

壹、占有之取得

一、原始取得

占有之取得，有原始取得及繼受取得之分。所謂原始取得，係指非基於他人之占有而獨立取得占有。例如，占有無主物、拾得遺失物。占有之原始取得，僅須占有人已對物具有事實之管領力，即為已足，不以占有人有占有之意思為必要，故無行為能力人亦為占有人[7]。侵權行為亦得為原始取得之原因。例如，強奪他人之金錢或霸占他人之土地。

二、繼受取得

（一）占有移轉

所謂繼受取得，係指基於他人既存之占有而取得占有。所謂占有移轉，係指占有之受讓人因法律行為而取得占有，而占有移轉，因占有物之交付而生效力（民法第946條第1項）。故占有移轉之要件有二：移轉占有之意思表示與占有物之交付。占有移轉包括現實交付、簡易交付、占有改定及指示交付等四種態樣（民法第946條第2項、第761條）。舉例說明如後：1.出賣人甲出賣A車與買受人乙，因A車之交付而生占有移轉之效力，此為現實交付。但交付之方法，不以現實交付為限。倘買受人乙已占有借用物時，當事人於讓與合意時，即生效力，此為簡易交付（民法第761條第1項）。2.出賣人甲欲繼續使用A車，甲與乙得訂立使用借貸契約，由買受人乙取得間接占有，以代交付，此係占有改定（第2項）。3.出賣人甲已將A車出租於他人，得將對該他人之返還請求權，讓與於買受人，由買受人乙直接向該他人請求返還，以代現實之交付，此為指示交付或返還請求權之讓與。

---

[7] 民法概要，詹森林、馮震宇、林誠二、陳榮傳、林秀雄，2002年10月，4版2刷，五南圖書出版股份有限公司，頁585。

（二）占有之繼承

　　繼承人自繼承開始時，除本法另有規定外，承受被繼承人財產上之一切權利、義務，當然取得繼承標的物之占有，無須事實上已管領其物或有交付之行為（民法第1148條第1項）。因占有為財產之法益，其不具專屬性質，自得為繼承之標的。

貳、占有繼受取得之效力

一、占有之合併

　　占有之繼承人或受讓人，得就自己之占有或將自己之占有與其前占有人之占有合併，而為主張（民法第947條第1項）。占有係對於物有事實上管領力之一種狀態，占有人主張時效上之利益，必其占有並未間斷，始得就占有開始之日起連續計算。故後占有人以前占有人之占有時間合併計算者，該後占有人應為前占有人之合法繼承人，其情形包括一般繼承與特定繼承，始得主張繼續占有之事實[8]。而合併前占有人之占有而為主張者，並應承繼其瑕疵（第2項）。

二、占有之分離

　　因主張占有之合併，必須繼受前占有人之瑕疵，有時反而不利，依據民法第947條第1項規定之反面推論，後占有人得單就自己占有而為主張，此為占有之分離。例如，惡意占有他人未登記之建物已逾5年，其後將其占有移轉於繼受人，繼受人不知該未登記之房屋，係屬他人所有，而以善意與無過失繼續占有，依據民法第770條規定，經10年後得請求登記所有人，其無須繼受前占有之瑕疵。

---

[8] 最高法院53年台上字第2149號民事判例。

參、占有之效力

一、占有權利之推定

（一）推定之範圍

占有人於占有物上行使之權利，原則推定其適法有此權利（民法第943條第1項）。例外情形，不受推定之保護：1.占有已登記之不動產而行使物權。2.行使所有權以外之權利者，對使其占有之人（第2項）。僅要該權利係對於標的物得為占有之權利，而為占有人所行使者，無論其為物權或債權，均無不可。前者，如所有權、典權、地上權、農育權、不動產役權、質權或留置權。後者，如租賃權、借用權。

（二）推定之效力

受推定權利之占有人，毋庸舉證以實其說，占有人得逕行援用該推定對抗之，而無須證明本人為權利人，法院亦應依職權適用之。例如，乙乘甲不在之際，遷入甲所興建而未經登記之A屋，並以所有人地位，出租與丙使用，甲請求乙返還A屋，乙據以請求登記A屋為自己所有，提起確認A屋所有權存在之訴時，因乙於占有物行使所有權，推定其適法有所有權，占有人乙不負舉證責任，應由甲負舉證責任，證明乙無A屋之所有權，其無權占有。再者，權利推定之效力，不僅占有人得援用，第三人亦得援用。

二、占有事實之推定

占有人，推定其為以所有之意思，善意、和平公然占有及無過失者。經證明前後兩時為占有者，推定前後兩時之間（intermediate time），繼續占有（民法第944條）。換言之，占有人就其主張占有係以所有之意思，善意、和平、公然、無過失及繼續占有之事實，不負舉證責任。反之，主張占有人之占有，係非以所有意思、惡意、強暴、隱密過失或不繼續而占有者，應負舉證以實其說。

三、善意受讓

（一）原　則

為保護交易安全，以動產所有權，或其他物權之移轉或設定為目的，而善意受讓（good faith）該動產之占有者，縱其讓與人無讓與之權利，其占有仍受法律之保護（民法第948條第1項本文）[9]。占有人依善意受讓而取得之權利，為原始取得。

1. 須占有動產

因善意受讓而取得權利，係基於占有之效力，故占有為要件之一，受讓人必須有占有之事實，始受此制度之保護，其占有之標的限於動產。動產占有之移轉有四：現實交付、簡易交付、占有改定及指示交付。至於受讓動產占有之原因，舉凡有交易行為存在，不問其為買賣、互易、贈與、出資、特定物之遺贈、因清償而為給付或其他以物權之移轉或設定為目的之法律行為，均無不可。

2. 須善意受讓

所謂善意，係指不知讓與人無讓與之權利，僅要占有人於受讓占有時，屬於善意，即有善意受讓之保護。所謂受讓，係指依法律行為而受讓之意，受讓人與讓與人間有物權變動之合意與標的物之交付之物權行為存在。受讓人得基於占有之效力，取得其動產上之所有權或其他物權，不受原權利人之追奪，以維持財產之交易安全。反之，倘占有非由於受讓而來。例如，竊盜、搶奪或侵占，則不受占有制度之保護。

3. 須讓與人無讓與之權利

讓與人如有讓與之權利時，占有人自得依據讓與之規定取得權利，自無適用善意受讓之規定。所謂無讓與之權利，係指無處分權而言。所謂處分行為，係指使權利直接發生得喪變更之法律行為。例如，所有權之移轉

---

[9] 動產物權之善意受讓制度係基於信賴保護原則、權利表徵及善意取得等理由而設。

或質權之設定。倘為無權代理者，應適用無權代理（民法第170條）或表見代理之規定（民法第169條），不適用善意受讓之規定。

4. 須以動產物權之移轉或設定為目的

當事人間有讓與合意，為善意受讓之要件。所謂讓與合意，係指讓與之目的在於移轉或設定動產物權，如所有權、質權或留置權，其為物權契約與處分行為。倘以成立租賃或借貸等債權關係為目的，而受讓動產之占有者，則不適用善意受讓之保護。

（二）例　外

1. 明知或有重大過失者

以動產所有權，或其他物權之移轉或設定為目的，倘受讓該動產占有之受讓人明知或因重大過失，而不知讓與人無讓與之權利者，則不受占有之法律保護（民法第948條第1項但書）。再者，動產占有之受讓，係依第761條第2項之占有改定為之者，以受讓人受現實交付與交付時善意為限，始受善意受讓之法律保護（第2項）。

2. 非基於善意原占有人意思而喪失

占有物如係盜贓、遺失物（steal or lost property）或其他非基於原占有人之意思而喪失其占有者，原占有人自喪失占有之時起2年以內，得向善意受讓之現占有人請求回復其物（民法第951條之1、第949條第1項）。而回復其物者，自喪失其占有時起，回復其原來之權利（第2項）。蓋權利人喪失占有，並非基於其意思，應予以保護。所謂盜贓者，係指以竊盜、搶奪、或強盜等行為奪取之物而言，其由詐欺或侵占所取得之物，不包含在內[10]。所謂遺失物，係指非基於占有人之意思而喪失占有，現無人占有，並非無主之動產。再者，請求回復人，不限物之所有權人，具有本權之人，亦得向占有人請求回復其物。被請求之現占有人，須屬善意占有，始受民法第949條規定之2年期間限制。倘為惡意占有人，真正權利人之回

---

[10] 最高法院22年上字第330號民事判例。

復請求，即不受2年期間之限制。例如，盜賊本人或拾得人本人。而被害人或遺失人請求回復其物，係無償之回復，不必償還善意受讓人所支出之價金。現占有人縱有損害，亦僅能向其原讓與人請求賠償，不得對回復請求人為任何要求。

（三）例外之例外

1. 自公開交易場所或商人處買受

盜贓、遺失物或其他非基於原占有人之意思而喪失其占有之物，如現占有人由公開交易場所，或由販賣與其物同種之物之商人，以善意買得者，非償還其支出之價金，不得回復其物，以善意買得者，非償還其支出之價金，不得回復其物，以維護交易安全，故賦予善意占有人拒絕歸還與請求償還價金之權利（民法第950條、第950條之1）。而民法第949條所規定之2年除斥期間，民法第950條應亦有適用之。此2年期間內，該占有物歸於善意受讓人，被害人或遺失人於2年期間請求回復其物時，為保護善意受讓人，其所有權之消滅，應向將來發生，不生溯及效力。倘被害人或遺失人逾2年，始請求回復其物，善意受讓人不負返還其物之義務。

2. 特殊物品不得請求回復

盜贓或遺失物，如係金錢或無記名證券，不得向其善意占有人（bona fide possessor），請求回復（民法第951條）。因金錢或無記名證券易於流通，甚難辨識其為盜贓或遺失物，為促進金錢或無記名證券之流通，以確保交易安全。如占有人係善意占有，自應許其即時取得所有權。所謂金錢者，係指現時通用之貨幣。無記名證券，不以民法第719條以下所定為限，即其他無記名有價證券，除票據外，均包含其內[11]。

---

[11] 票據法第14條第1項規定：以惡意或有重大過失取得票據者，不得享有票據上之權利。第2項規定，無對價或以不相當之對價取得票據者，不得享有優於其前手之權利。此為票據之善意受讓制度，票據法為民事特別法，自應優先民法有關善意受讓之規定。

3. 經設定動產擔保交易之動產

動產擔保交易，應以書面訂立契約。非經登記，不得對抗善意第三人（動產擔保交易法第5條）。準此，附條件買賣之買受人，而於取得所有權前，擅自將其所占有之買賣標的物出賣予善意第三人，並依讓與合意交付之。倘該付條件買賣業經登記，則得對抗善意受讓人。

4. 海商法之船舶

海商法之船舶（海商法第1條），其所有權之讓與，必須作成書面，並經主管官署蓋章證明，為其生效要件，故無善意受讓之規定。反之，船舶法所稱之小船（海商法第3條第1款），即有善意受讓之適用。例如，漁船之總噸數僅有5噸，依海商法第3條第1款規定，其非海商法之船舶，而應視為民法上所稱動產，得為善意受讓之標的物[12]。

四、占有物之使用收益

善意占有人於推定其為適法所有之權利範圍內，得為占有物之使用、收益（民法952條）。詳言之，善意占有人依其推定有適法之所有權利，得以使用其占有物，並收取其天然孳息或法定孳息。縱使嗣後將占有物返還於正當權利人，其所收取之孳息，亦無須返還。例如，租賃契約為債權契約，出租人不以租賃物所有人為限，出租人未經所有人同意，擅以自己名義出租租賃物，其租約亦屬有效，僅不得以之對抗所有人。至於所有人得否依不當得利之法律關係，向承租人請求返還占有使用租賃物之利益，應視承租人是否善意而定。倘承租人為善意，得為租賃物之使用及收益，其因此項占有使用所獲利益，對於所有人不負返還之義務，自無不當得利可言。反之，倘承租人為惡意時，對於所有人而言，其就租賃物並無使用收益權，即應依不當得利之規定，返還其所受利益[13]。

---

[12] 最高法院51年台上字第2242號民事判例。
[13] 最高法院91年度台上字第1537號民事判決。

五、占有人之物上請求權

（一）請求權內容

所謂占有人之物上請求權，係指占有人於占有被侵害時，得請求侵害人回復其圓滿狀態之權利。占有人是否為所有權人，是否有權占有，是否為直接占有人或間接占有人，均在所不問。至於對之行使物上請求權的相對人，不以故意或過失為要件，是否具備意思能力，亦非所問。例如，占有人得對受監護宣告人行使物上請求權。

1. 占有物返還請求權

返還請求權或占有人之回復請求權，係指占有人於其占有物被侵奪時，得請求返還其占有物（民法第962條前段）。所謂被侵奪者，係指占有被他人所奪取，導致原占有人全然喪失其占有。例如，因他人竊盜行為而喪失占有，得請求返還占有物。

2. 占有物除去妨害請求權

除去妨害請求權或占有物保全請求權，係指占有人於其占有被妨害者，得請求除去其妨害，此為除去妨害請求權（民法第962條中段）。所謂妨害者，係指對於現在之占有狀態，加以部分侵害，其造成占有人無法完全支配該占有物。例如，擅自於占有人之土地堆放物品，得請求清理或移置他處。

3. 預防妨害請求權

預防妨害請求權，係指占有人於其占有被妨害之虞者，得請求防止其妨害（民法第962條後段）。所謂被妨害之虞，係指依一般社會觀念，客觀上認為具體事件，於將來有發生妨害之可能性。例如，因鄰人之建築物瀕於倒塌，而有危及占有人之建物可能，導致占有人深感威脅，得請求鄰人加以防止之。

（二）物上請求權之行使期間

占有人物上請求權，自侵奪或妨害占有或危險發生後，1年間不行使而消滅（民法第963條）。所謂1年間不行使而消滅者，係指以單純的占有

之事實為標的，提起占有之訴而言。如占有人同時有實體上權利者，自得提起本權之訴，縱使回復占有請求權之1年短期時效業已經過，其權利人亦得依侵權行為之法律關係，請求回復原狀[14]。例如，物之所有人得基於所有權受侵害為由，請求侵奪其所有物之人，交還其所有物。

（三）適用共同占有之限制

數人共同占有一物時，各占有人就其占有物使用之範圍，不得互相請求占有之保護（民法第965條）。換言之，共同占有之場合，占有人對於第三人固得受占有之保護，然共同占有人相互間，則不得互相請求占有之保護。

（四）共同占有人對第三人之權利

數人共同占有一物時，各占有人得就占有物之全部，行使第960條之占有人自力救濟或第962條之占有人之物上請求權（民法第963條之1第1項）。各占有人取回或返還之占有物，仍為占有人全體占有（第2項）。

六、占有人之自力救濟權

（一）自力防禦權

占有如被侵害時，占有人固得提起占有之訴，惟提起訴訟，往往緩不濟急，故法律賦予占有人有自力救濟之權利。所謂自力防禦權，係指占有人，對於侵奪或妨害其占有之行為，得以己力防禦之（民法第960條第1項），此為占有防禦權，其係民法第149條之正當防衛的特別規範。行使該權利者，須為直接占有人，不包括間接占有人。因自力防禦權之保護對象，著重占有之事實支配狀態，故占有輔助人亦可行使本項權利（民法第961條）。

（二）自力取回權

所謂自力取回權，係指占有物被侵奪者，占有人得應用自己之實力取

---

[14] 最高法院53年台上字第2636號民事判例。

回。自力取回權係為保持占有現狀之迫切需要，應僅直接占有人得行使該權利，間接占有人無此權利。占有輔助人因其對於物有管領力之人，為保護占有人，占有輔助人亦得行使占有人之自力取回權（民法第961條）。

1. 取回不動產

占有物為不動產時，占有人得於侵奪後，即時排除加害人而取回之（民法第960條第2項前段）。所謂即時者，係指不可遲延，必須立即行動。否則，僅得請求公力救濟，不得自力救濟。

2. 取回動產

占有物係動產者，占有人得就地或追蹤向加害人取回之，此為占有物取回權（民法第960條第2項後段）。就地或追蹤，均不可遲延。有所遲延者，不得自力救濟。

七、占有人與回復請求人之關係

（一）占有物滅損之賠償義務

1. 善意占有人

善意之自主占有人，係自信其對占有物具有占有權源，而因可歸責於占有人之事由，如故意或過失導致占有物滅失或毀損者，對於回復請求人，法律僅以因滅失或毀損所受之利益為限，負賠償之責（民法第953條）。準此，善意占有人對於占有物滅失或毀損之責任，係有限賠償責任。

2. 惡意占有人

惡意占有人（mala fide possessor），其明知無占有之權利，如故買贓物。因惡意者不值得保護，故法律加重其責任。詳言之，惡意占有人或無所有意思之占有人，因可歸責於自己之事由，導致占有物滅失或毀損者，不問占有人是否受有利益，對於回復請求人，負損害賠償之責，其為無限責任（民法第956條）。所謂損害賠償之範圍，包含所受損害及所失利益（民法第216條第1項）。

（二）費用償還請求權

1. 必要費用

所謂必要費用（necessary outlay），係指保存占有物所不可缺之費用。必要費用分為通常必要費用與特別必要費用兩種類型。前者，如維護費、租稅、飼養費或通常修繕費等。後者，如占有建築物遭受天然災害毀損而支出之重大修繕費用。申言之：(1)善意占有人，因保存占有物所支出之必要費用，得向回復請求人請求償還。但已就占有物取得孳息者，不得請求償還通常必要費用，縱使通常必要費用多於孳息，善意占有人亦不得請求差額（民法第954條）。(2)惡意占有人，因保存占有物所支出之必要費用，對於回復請求人，得依關於無因管理之規定，請求償還（民法第957條）。僅得於回復請求人所得利益限度內，得請求回復請求人償還（民法第177條）。

2. 有益費用

所謂有益費用（beneficial outlay），係指改良占有物所支出之費用。例如，房屋之裝潢費用。質言之：(1)善意占有人，因改良占有物所支出之有益費用，於其占有物現存之增加價值限度內，得向回復請求人，請求償還（民法第955條）。必要費用與有益費用不同，前者必須要支出；後者則由占有人自由決定之。(2)惡意占有人，無法向回復請求人請求有益費用之權利。

3. 奢侈費用

所謂奢侈費用，係指超過物之保存、利用、或改良所必要而支出之費用，因非屬必要或有益費用之範圍，故不論占有人善意與否，均不得向回復請求人請求[15]。

（三）孳息收取權

善意占有人，依推定其為適法所有之權利，得為占有物之使用及收益

---

[15] 最高法院81年度台上字第222號民事判決。

（民法第952條）。故善意占有人有孳息收取權，其於返還占有物時無須返還，不必依不當得利之規定，負返還責任[16]。反之，惡意占有人，則負返還孳息之義務。其孳息已消費者，或因其過失而毀損，或怠於收取者，負償還其孳息價金之義務（民法第958條）。

肆、例題解析

一、繼受取得之效力

（一）占有之合併

以所有之意思，20年間和平繼續占有他人未登記之不動產者，得請求登記為所有人（民法第769條）。此為不動產之一般取得時效。而占有為財產之法益，亦得為繼承之標的。準此，占有之繼承人或受讓人，得就自己之占有或將自己之占有與其前占有人之占有合併，而為主張（民法第947條第1項）。甲以所有意思，惡意占有乙未登記之A土地，和平、繼續15年後死亡，該占有由甲之繼承人丙以相同之方式，繼續占有逾5年，倘丙就甲之占有為合併之主張時，依據民法第769條規定，其以所有意思，就A土地為和平繼續占有20年，得請求登記為A土地所有權人。

（二）占有之分離

以所有之意思，10年間和平繼續占有他人未登記之不動產，而其占有之始為善意並無過失者，得請求登記為所有人，此為不動產之特別取得時效（民法第770條）。因主張占有之合併，必須繼受前占有人之瑕疵，有時反而不利，故後占有人得單就自己占有而為主張，此為占有之分離。甲係惡意占有A土地5年，而其繼承人丙占有之始為善意並無過失，期間已逾10年，倘丙主張占有之合併，必須持續占有A土地20年（民法第769

---

[16] 最高法院77年度臺上第1208號、91年度台上字第1537號、94年度台再字第39號民事判決。

條）。因甲與丙之占有期間僅15年，自無法主張取得時效已完成。然而，丙主張占有之分離，其自始善意而無過失，而占有期間已逾10年，自得主張時效取得A土地所有權。

二、權利之推定

占有人於占有物上，行使之權利，推定其適法有此權利（民法第943條）。僅要該權利係對於標的物得為占有之權利，而為占有人所行使者，無論其為物權或債權，均無不可。前者，如所有權、典權、地上權、農育權、不動產役權、質權或留置權。後者，如租賃權、借用權。租賃契約為債權契約，出租人不以租賃物所有人為限，出租人未經所有人同意，擅以自己名義出租租賃物，其租約亦屬有效，僅不得以之對抗所有人。職是，丙出國留學前，委託丁保管所有之B建物，丁未經丙同意而將B建物出租與戊，戊占有B建物後，均依約給付租金與丁。丙於2年後學成返國，發現B建物遭戊占有，因戊對丙並無占有之本權，其得主張所有權人之物上請求權，請求戊返還B建物。而戊於丙出國期間向丁承租B建物，戊為占有人而占有B建物，其行使之租賃權，推定對租賃物有使用收益之適法權利。既然承租人戊均依約給付租金與出租人丁，而丙亦非出租人，故丙不得請求戊給付2年期間之房租，丙就此部分僅得向丁求償。例外情形，係承租人戊惡意時，對於所有人丙而言，其就B建物並無使用收益權，應依不當得利之規定，返還其所受利益。

三、善意受讓之例外

以動產所有權，或其他物權之移轉或設定為目的，而善意受讓該動產之占有者，縱其讓與人無讓與之權利，其占有仍受法律之保護，此為占有人受善意受讓之保護規定（民法第948條）。故現占有人必須為善意占有，始有適用受善意受讓之規定。己趁庚上班離家之際，潛入庚家偷竊其所有之名貴勞力士手錶1只，己發現遭竊後而報警處理，雖逾2年後始尋獲該贓物，然己為盜賊本人，顯為惡意占有人，故真正權利人庚向己請求返

還該手錶，即不受民法第949條所定2年期間之限制。準此，己抗辯盜贓物必須2年內請求歸還，已逾除斥期間，不得請求返還，並無理由。

【習題69】

甲竊取乙所有之A電腦，而將其出買予善意之丙，並交付A電腦予丙，試問乙得否請求丙交還A電腦？

占有物係盜贓或遺失物，其被害人或遺失人，自被盜或遺失之時起，2年以內，得向占有人，請求回復其物，以保護被害人或遺失人（民法第949條）。縱使現占有人係善意占有，亦僅能向其原讓與人請求賠償，不得對請求人為任何要求。

【習題70】

丁向戊承租B車，承租期間竟遭己竊取，試問丁得否請求己返還B車？

租賃物交付後，承租人於租賃關係存續中，有繼續占有其物而為使用收益之權利。故其占有被侵奪時，承租人自得對於無權占有之他人，行使其占有物返還請求權（民法第423條、第941條及第962條）[17]。

【習題71】

庚將其所有C土地出租於辛後，其於租賃期間，再將C土地出典於癸，試問庚因如何使癸取得C土地之占有？

典權之成立，依民法第911條規定，固以移轉占有為要件。惟該條所稱之占有，不以典權人直接占有為必要（民法第915條）。準此，出典人於典權設定後，該典物在第三人占有中，出典人得將其對於第三人之返還請求權讓與典權人，使典權人因此取得間接占有時（民法第946條第2項、第

---

[17] 最高法院43年台上字第176號民事判例。

761條第2項）[18]。

【習題72】

試說明占有之效力為何？

占有之效力有：(一)占有權利之推定。(二)占有事實之推定。(三)善意受讓。

第三節　占有之變動

本節目標在使研讀者瞭解占有之變更、占有之消滅等法律關係。

例題61

甲、乙為夫妻，並未以契約訂立夫妻財產制，甲夫未經乙妻之同意，擅自將乙妻所有A建物出租與丙。試問乙妻得否請求丙給付相當於租金之不當得利？理由為何？

壹、占有之變更

一、他主占有變為自主占有

所謂占有之變更，係占有人於占有存續中，變更其占有之狀態。占有依其所由發生之事實性質，原雖無所有之意思者，然其占有人對於使其占有之人表示所有之意思時起，為以所有之意思而占有。其因新事實變為以所有之意思占有者，自該時起，變為自主占有人（民法945條第1項）。使其占有之人非所有人，而占有人於為前開表示時已知占有物之所有人者，其表示應一併向非所有人與所有人為之（第2項）。例如，甲將汽車借與

---

[18] 最高法院38年台上字第163號民事判例。

乙使用，乙於第二年起以所有之意思占有，嗣經10年間和平公然占有甲車，其已取得該車所有權，甲不能依借用物返還請求權或不當得利返還請求權訴請乙返還汽車。再者，占有人以所有之意思占有變為以其他意思而占有，或以其他意思之占有變為以不同之其他意思而占有者。前者，如以所有意思變為以地上權之意思占有；後者，如以地上權意思之占有變為以租賃或農育權意思而占有。此占有狀態之變更與占有人之通知義務，準用前2項規定（第3項）。

二、善意占有變為惡意占有

善意占有人自確知其無占有本權時起，為惡意占有人（民法第959條第1項）。善意占有人於本權訴訟敗訴時，自訴狀送達之日起，視為惡意占有人（第2項）。本條為惡意占有之擬制規定，不得以反證推翻之。例如，善意占有人，依推定其為適法所有之權利，固得為占有物之使用及收益。惟善意占有人如於本權訴訟敗訴時，自其訴訟繫屬發生之日起，即視為惡意占有人，仍應負返還占有物孳息之義務。所謂訴訟拘束，係指訴訟繫屬而言，其自本權訴狀送達善意占有人之日起，即視為惡意占有人。

貳、占有之消滅

占有消滅之原因主要有二：標的物之滅失及管領力之喪失。標的物全部滅失，占有自歸於消滅。但占有物一部滅失，僅占有縮小其範圍。占有係以事實上之管領力為要件，如占有人喪失其對於物之事實上管領力而消滅。但其管領力僅一時不能實行者，不在此限（民法第964條）。例如，顧客至美容院理髮，離去時將外套遺忘於美容院內，僅屬一時不能實行占有。或占有人行使占有物上請求權，請求侵奪占有物之他人返還占有物，占有人回復占有時，其管領力視為自始未喪失。

參、例題解析─惡意占有人之責任

一、通常法定財產制

夫妻未以契約訂立夫妻財產制者，除本法另有規定外，以通常法定財產制，為其夫妻財產制（民法第1005條）。通常法定財產制規定夫或妻各自管理、使用、收益及處分其財產（民法第1018條）。甲、乙為夫妻，並未以契約訂立夫妻財產制，故應適用通常法定財產制，夫妻各自管理其財產。準此，甲夫未經乙妻之同意，不得擅自將乙妻所有A建物出租與丙[19]。

二、善意占有變為惡意占有

善意占有人自確知其無占有本權時起，為惡意占有人（民法第959條第1項）。善意占有人於本權訴訟敗訴時，自訴狀送達之日起，視為惡意占有人（第2項）。倘丙自始為善意占有人，乙妻得以A建物所有人之身分，起訴主張所有物之返還請求權（民法第767條第1項前段）。請求丙返還A建物，而自本件訴訟敗訴時，自其訴訟拘束發生之日起，視丙為惡意占有人，乙妻得請求丙自起訴狀繕本送達日起至返還A建物止，該期間丙所獲相當於租金利益之不當得利（民法第179條）。

【習題73】

甲強奪乙所有之名貴手錶一只，甲得手後巧遇其友丙，並向丙述說作案過程，丙認為該手錶為贓物，認為其可奪取之，試問甲占有該手錶，是否應受保護？

占有人之物上請求權，不論占有人是否為所有權人，是否有權占有，是否為直接占有人或間接占有人，均得對侵害其占有者，行使之。職是，甲占

---

[19] 林洲富，民法實例解析，五南圖書出版股份有限公司，2005年5月，頁510、514。

有手錶之事實，亦受占有之保護。

第四節 準占有

本節目標在使研讀者瞭解準占有之定義與準占有之效力。

例題62

甲趁乙出國期間，潛入乙家竊取乙於A銀行之存摺與其印鑑章，甲持之至A銀行領取存摺中之新臺幣（下同）10萬元存款，A銀行之職員丙經辨識後，確認係乙之印章無誤，乃將10萬元交付甲收訖，乙回國後以該印章遭盜用，要求A銀行歸還10萬元。試問A銀行有無歸還之義務？理由為何？

壹、準占有之定義

一、準占有以財產權為標的

財產權，不因物之占有而成立者，行使其財產權之人，為準占有人（民法第966條第1項）。換言之，占有之標的為物，準占有之標的為權利，係不因物之占有而成立者。例如，一般債權、無體財產權、抵押權，均屬無須占有標的之權利。

二、準占有人係事實上行使權利者

占有係對物事實上之管領，而準占有係對權利之事實上行使，故外觀足以認識該財產權係歸屬於某人時，即可成立準占用，並無須於權利內容實現時始成立[20]。

---

[20] 鄭玉波，民法物權，三民書局股份有限公司，1989年2月，修訂13版，頁414。

貳、準占有之效力

本章關於占有之規定，於準占有準用之（民法第966條第2項）。例如，債權不因物之占有而成立之財產權之一種，故行使債權人之權利者，即為債權之準占有人，該準占有人如非真正之債權人而為債務人所不知者，債務人對於其人所為之清償，仍有清償之效力，以確保交易安全（民法第310條第2款）。

參、例題解析——債權之準占有人

行使債權人之權利者，係債權之準占有人，倘該準占有人非真正之債權人，此為債務人所不知者，債務人對於該準占有人所為之清償，對債權人有清償之效力（民法第310條第2款）。甲趁乙出國期間，潛入乙家竊取乙於A銀行之存摺與其印鑑章，並持之至A銀行領取存摺中之新臺幣（下同）10萬元存款，A銀行之職員丙經辨識後，確認係乙之印章無誤，丙不知上開竊盜情事，而甲為消費寄託債權之準占有人，故A銀行將10萬元交付予甲，對債權人乙已生清償之效力。準此，乙回國後以該印章遭盜用，要求A銀行歸還10萬元，A銀行並無依據消費寄託之法律關係，負有歸還10萬元之義務（民法第602條第1項）。

【習題74】

甲向乙借款新臺幣（下同）100萬元，清償期屆至，乙事先簽署清償之收據，詎遭丙竊取，並持乙簽名之收據，要求甲給付該借款，甲不疑有他，而給付100萬元予丙，試問是否發生清償之效力？

依債務本旨，向債權人或其他有受領權人為清償，經其受領者，債之關係消滅（民法第309條第1項）。持有債權人簽名之收據者，視為有受領權人。但債務人已知或因過失而不知其無權受領者，不在此限（第2項）。

參考書目

王澤鑑,民法物權第1冊,通則・所有權,自版,1992年4月。

王澤鑑,民法物權第2冊,用益物權・占有,自版,2003年10月,再刷。

王澤鑑,民法概要,自版,2003年10月,5刷。

朱鈺洋,民法概要,三民書局股份有限公司,修訂4版1刷。

林洲富,民法案例式,五南圖書出版股份有限公司,2013年6月,7版1刷。

林洲富,實用非訟事件法,五南圖書出版股份有限公司,2017年1月,10版1刷。

林洲富,實用強制執行法精義,五南圖書出版股份有限公司,2017年9月,12版1刷。

姚瑞光,民法物權,自版,1995年10月。

許文昌,民法物權表解,文笙書局股份有限公司,1990年6月,4版。

陳明暉,動產質押,書泉出版社,1992年7月,2版2刷。

陳美伶、李太正、陳連順,民法入門,元照出版有限公司,2002年9月,4版1刷。

陳聰富,民法概要,元照出版有限公司,2005年10月,初版2刷。

楊與齡,民法物權,五南圖書出版有限公司,1987年11月,5版。

詹森林、馮震宇、林誠二、陳榮傳、林秀雄,民法概要,2002年10月,4版2刷,五南圖書出版股份有限公司。

鄭玉波,民法物權,三民書局股份有限公司,1989年2月,修訂13版。

劉春堂,動產擔保交易法研究,三民書局有限公司,1995年9月,初版3刷。

劉振鯤，實用民法概要，元照出版有限公司，2002年10月，5版2刷。

蔡明誠，物權法研究，學林文化事業有限公司，2003年6月。

蘇永欽主編，民法物權實例問題分析，五南圖書出版股份有限公司，2002年1月，初版2刷。

謝在全，民法物權上冊，自版，修訂3版，2004年8月。

謝在全，民法物權中冊，自版，修訂3版，2004年8月。

謝在全，民法物權下冊，自版，修訂3版，2004年8月。

謝在全，普通抵押權之修正，司法週刊，1333期，2007年4月12日。

謝在全，最高限額抵押權之法制化，司法週刊，1335期，2007年4月26日。

謝在全，債權質權之展望（上）（下），司法週刊，1336至1337期，2007年5月3日、5月10日。

謝哲勝，民法物權，三民書局股份有限公司，2009年8月，增訂二版。

家圖書館出版品預行編目資料

民法物權——案例式／林洲富著． — 五版.
— 臺北市：五南，2018.04
　　面；　　公分．

SBN 978-957-11-8358-9（平裝）

. 物權法

84.2　　　　　　　　　104019856

1S11

民法物權—案例式

作　　者 — 林洲富(134.2)

發 行 人 — 楊榮川

總 經 理 — 楊士清

副總編輯 — 劉靜芬

責任編輯 — 高丞嫻　吳肇恩

封面設計 — 姚孝慈

出 版 者 — 五南圖書出版股份有限公司

地　　址：106台北市大安區和平東路二段339號4樓

電　　話：(02)2705-5066　　傳　　真：(02)2706-6100

網　　址：http://www.wunan.com.tw

電子郵件：wunan@wunan.com.tw

劃撥帳號：01068953

戶　　名：五南圖書出版股份有限公司

法律顧問　林勝安律師事務所　林勝安律師

出版日期　2007年 9 月初版一刷
　　　　　2009年 7 月二版一刷
　　　　　2010年 9 月三版一刷
　　　　　2011年 8 月三版二刷
　　　　　2013年12月四版一刷
　　　　　2018年 4 月五版一刷

定　　價　新臺幣400元